Liderazgo y dirección
de organizaciones

Liderazgo y dirección
de organizaciones

Soledad Carrasco Fernández

Paraninfo | ESPECIALIDADES FORMATIVAS

Paraninfo

© Ediciones Paraninfo, SA, 2026
  1.ª edición, 2026

© Soledad Carrasco Fernández

C/ Sierra de Guadarrama 35. Naves 2, 3, 4 y 5
Pol. Ind. San Fernando II,
28830 San Fernando de Henares
Teléfono: 914 463 350
clientes@paraninfo.es / www.paraninfo.es

Producción: Nacho Cabal Ramos
Diseño y maquetación: Ediciones Nobel

ISBN: 978-84-283-7377-7
Depósito legal: M-2411-2026

(33.977)

Impreso en España
Liberdigital (Casarrubuelos, Madrid)

La editorial recomienda que el alumnado realice las actividades sobre el cuaderno y no sobre el libro.

Paraninfo

Este manual desarrolla la especialidad formativa denominada **Liderazgo y dirección de organizaciones.** Con código ADGD078PO.

El objetivo general es adquirir técnicas y habilidades directivas, que favorezcan un adecuado liderazgo, el desempeño de tareas y responsabilidades de alta dirección en las organizaciones y grupos de trabajo.

El libro responde fielmente al desarrollo curricular establecido en los cuatro módulos formativos que integran el programa formativo:

Módulo 1: Liderazgo y habilidades directivas

Módulo 2: Inteligencia emocional y social. Autoestima. Control del estres. *Coaching*

Módulo 3: Técnicas de motivación. Trabajo en equipo. Dirección de equipos
La toma de decisiones

Módulo 4: Técnicas de negociación y mediación. Resolución de conflictos

El cómputo total de horas formativas es de 100.

Las unidades del libro se acompañan de multitud de **recursos didácticos** que ayudarán a la mejor comprensión de la materia de estudio:

- Desarrollo del currículo oficial.
- Lenguaje claro y sencillo que favorece la comprensión.
- Explicaciones exhaustivas y rigurosas, pero también amenas y asequibles.
- Gran cantidad de ilustraciones y tablas explicativas.
- Recuadros con información complementaria.
- Ejemplos reales para ilustrar los contenidos teóricos.
- Argot técnico con los términos más relevantes para facilitar su consulta.
- Actividades finales de comprobación de tipo test en todas las unidades.

Este libro cuenta con el **solucionario** de las actividades incluidas en el libro al que puede accederse previo registro, desde la ficha web de este libro en www.paraninfo.es.

Solucionario disponible en

www.paraninfo.es

Contenido

1

Liderazgo y habilidades directivas

En un entorno laboral dinámico, transformado por la inteligencia artificial y la transición hacia economías sostenibles, las capacidades de liderazgo y dirección se consolidan como elementos fundamentales para el éxito de las organizaciones.

Según el informe *Future of Jobs Report 2025* del World Economic Forum, competencias como el pensamiento analítico, la influencia social y el liderazgo figuran entre las más valoradas. Asimismo, la plataforma líder en redes profesionales LinkedIn, en su informe *Skills on the Rise 2025,* resalta el pensamiento analítico, la motivación y el liderazgo entre las cinco competencias más solicitadas, y resalta la importancia de **habilidades humanas** perdurables.

A medida que las organizaciones comprenden el alcance total de lo que la inteligencia artificial *puede* hacer, también aceptan todo lo que *no puede* hacer, es decir, aquellas tareas que requieren las habilidades exclusivamente humanas que todas las empresas necesitan. Las habilidades directivas son esenciales de entre todas ellas.

1.1. Concepto y fundamentos del liderazgo

El liderazgo es un concepto central en el funcionamiento de cualquier organización. A lo largo del tiempo, ha pasado de entenderse como un atributo casi innato a reconocerse como una competencia que puede desarrollarse mediante el aprendizaje, la experiencia y la reflexión personal.

En toda organización, ya sea una empresa, un centro educativo o una institución pública, el liderazgo desempeña un papel determinante. No se trata únicamente de ocupar un puesto de autoridad, sino de movilizar voluntades, de guiar y dar sentido al esfuerzo colectivo.

> El **liderazgo** es la capacidad de influir, motivar y guiar a un grupo de personas hacia el logro de metas comunes.

El liderazgo es un proceso interactivo y continuo: el líder comunica una visión, inspira confianza, escucha las aportaciones del equipo y orienta el esfuerzo colectivo.

Por ello, puede afirmarse que liderar es una forma avanzada de comunicarse: escuchar, persuadir, orientar y acompañar.

1.1.1. Liderazgo y gestión

Aunque a menudo se utilizan de manera intercambiable, el liderazgo y la gestión son conceptos distintos que juegan roles complementarios en una organización. Ambos son necesarios, pero mientras la gestión busca ordenar y controlar recursos, el liderazgo pretende inspirar y movilizar personas. En la Tabla 1.1 analizamos las diferencias entre ambos conceptos:

Tabla 1.1. Diferencias entre liderazgo y gestión

Aspecto	Liderazgo	Gestión
Definición	Capacidad de influir y guiar a las personas hacia el logro de unos objetivos comunes.	Proceso de planificar, organizar, coordinar y controlar recursos para alcanzar objetivos establecidos.
Objetivo principal	Inspirar y guiar a las personas.	Cumplir objetivos y procesos.
Enfoque	Personas.	Tareas.
Visión	A largo plazo.	A corto plazo.
Estilo de influencia	Inspira y motiva.	Controla y supervisa.
Habilidades clave	Inteligencia emocional, comunicación persuasiva, visión estratégica, empatía.	Planificación, organización, resolución de problemas, control de procesos.
Cultura organizacional	Abierta y colaborativa.	Estructurada y jerárquica.
Relación con el equipo	Construye confianza, motiva e involucra emocionalmente a los empleados.	Establece roles claros, supervisa el desempeño y asegura la productividad.

Comprobamos que el liderazgo se centra en el «por qué» y el «hacia dónde», mientras que la gestión se enfoca en el «cómo» y el «qué», asegurando que los recursos y procesos estén alineados para cumplir metas operativas. Aunque distintos, ambos roles son complementarios: un líder a menudo debe incorporar habilidades de gestión, y un gerente puede beneficiarse de competencias de liderazgo para motivar a su equipo.

Ejemplo: imaginemos una empresa de servicios tecnológicos que debe implementar un nuevo *software* en toda la organización.

- El gestor elaborará el plan de acción, definirá los plazos, asignará recursos y controlará el avance del proyecto.

- El líder, en cambio, se centrará en comunicar el propósito del cambio, escuchar las inquietudes del equipo y motivar para que todos se involucren.

Ambos roles son imprescindibles: la gestión garantiza el orden y la eficiencia, mientras que el liderazgo impulsa la inspiración y la innovación.

1.1.2. Elementos esenciales del liderazgo

Para ser un líder efectivo, es importante comprender y desarrollar ciertos elementos esenciales que son clave para inspirar y guiar a otros. A continuación, detallamos los cinco elementos principales:

- **Visión:** capacidad de proyectar el futuro y orientar a otros hacia él. Esto implica que las personas líderes deben establecer metas específicas, medibles y alcanzables, y transmitir esa visión de manera efectiva para que todos comprendan su papel en el proceso.

- **Influencia:** consiste en lograr que otros se comprometan voluntariamente. La influencia es la capacidad de guiar sin imponer, de generar confianza y compromiso por la coherencia entre lo que se dice y lo que se hace. Para ello, los líderes se alejan del control jerárquico y se apoyan en la credibilidad.

- **Comunicación:** saber transmitir, escuchar y conectar emocionalmente con las personas. La comunicación no solo transmite información, sino que crea relaciones y confianza. Cuando el diálogo es abierto y respetuoso, el grupo se siente más unido y motivado.

- **Motivación:** se trata de impulsar a las personas a esforzarse y creer en lo que hacen. Un líder motivador no se centra solo en los resultados, sino en ayudar a que cada persona descubra su propio valor y se sienta parte del grupo. Motivar implica reconocer los logros, ofrecer apoyo y fomentar la participación.

- **Inteligencia emocional:** la inteligencia emocional es la capacidad de reconocer, comprender y manejar las emociones, tanto las propias como las de los demás.

  Un líder con inteligencia emocional sabe mantener la calma ante los conflictos, controlar sus impulsos y actuar con empatía.

Figura 1.1. Los cinco elementos esenciales en conjunto conforman la práctica del liderazgo.

Estos cinco elementos están profundamente interconectados: la **visión** se comunica con claridad para orientar al grupo; la **influencia** se ejerce mediante una **comunicación** coherente y basada en el ejemplo; la **motivación** se fortalece con mensajes positivos, claros y sinceros; y todo ello se sostiene gracias a la **inteligencia emocional,** que permite comprender y gestionar las emociones propias y ajenas para mantener un clima de confianza y equilibrio.

1.1.3. Competencias clave de la persona líder

El liderazgo efectivo requiere competencias personales, sociales y comunicativas que pueden desarrollarse con práctica y formación continua. Las desarrollamos en la Tabla 1.2.

Tabla 1.2. Competencias que deben poseer las personas líderes

Tipo de competencias	Descripción	Ejemplo
Personales	Autoconocimiento, resiliencia, iniciativa.	Mantener la calma y la claridad ante imprevistos.
Sociales	Empatía, trabajo en equipo, negociación.	Escuchar y mediar en conflictos laborales.
Comunicativas	Claridad, persuasión, *feedback* constructivo.	Dar retroalimentación positiva y orientadora.
Estratégicas	Visión global, pensamiento sistémico.	Anticipar tendencias y alinear objetivos.

La **comunicación** atraviesa todas estas competencias: es el canal que transforma la intención en acción colectiva.

CASO PRÁCTICO 1.1

Durante la pandemia, la panadería artesanal **El horno de Marina,** en Oviedo, vio caer sus ventas un 60 %. Su gerente, Marina, decidió no despedir a nadie. Reunió al equipo y propuso tres ideas:

1. Crear un servicio de reparto a domicilio.

2. Introducir productos sin gluten y veganos.

3. Promocionarse por redes sociales.

Marina escuchó las sugerencias, delegó tareas y comunicó continuamente los avances. Cada logro se celebraba, por pequeño que fuera. En tres meses, la panadería no solo recuperó las ventas, sino que ganó nuevos clientes fieles.

¿Qué elementos y competencias puso en práctica Marina como líder?

- Marina **comunicó una visión clara** («llevar el sabor de siempre a las casas»).

- Ejerció **influencia positiva** mediante el ejemplo y la confianza.

- **Motivó** al equipo con reconocimiento y autonomía.

- Mantuvo una **comunicación constante y bidireccional,** escuchando y ajustando estrategias.

El liderazgo de Marina no se basó en la autoridad, sino en su capacidad de comunicar, motivar e inspirar al equipo hacia un objetivo común.

1.2. Estilos de liderazgo

Los estilos de liderazgo son enfoques diferentes para guiar, motivar e inspirar a las personas, y su elección puede marcar la diferencia en el éxito de un equipo. Es decir, el liderazgo no tiene una única forma de ejercerse, sino que cada líder adopta un estilo diferente según su personalidad, el tipo de equipo y las circunstancias. A continuación, desarrollamos los estilos de liderazgo más representativos:

- **Liderazgo autoritario**

  El líder toma las decisiones de forma centralizada y da instrucciones claras sin consultar al grupo. Espera obediencia y control total sobre las tareas. Se usa en situaciones de urgencia, crisis o cuando se necesita disciplina.

  Ventajas: rapidez en la toma de decisiones, control y eficiencia.

  Riesgos: baja motivación, falta de creatividad y comunicación unidireccional.

  Ejemplo: en 2019, el CEO de Inditex, Pablo Isla, adoptó un enfoque autocrático durante la reestructuración de las tiendas Zara para integrar tecnología RFID (identificación por radiofrecuencia), tomando decisiones rápidas que optimizaron la logística y aumentaron la eficiencia en un 10 %.

- **Liderazgo democrático**

  El líder fomenta la participación y el diálogo. Toma las decisiones tras escuchar al grupo y valorar sus aportaciones. Se aplica cuando se busca compromiso, cohesión y creatividad

Ventajas: mayor implicación y satisfacción del equipo.

Riesgos: el proceso puede ser más lento o generar indecisión.

Ejemplo: en Spotify, los equipos ágiles, denominados *squads*, usaron un enfoque democrático para crear «Discover Weekly» en 2021, con lo que se logró el incremento del tiempo de uso de los usuarios en un 20 % gracias a la colaboración.

■ **Liderazgo *laissez-faire***

El líder deja libertad total al equipo para decidir y actuar. Interviene poco y confía en la autonomía del grupo. Se emplea cuando las personas tienen alta competencia y responsabilidad.

Ventajas: autonomía, confianza y creatividad.

Riesgos: falta de coordinación y pérdida de rumbo si no hay autocontrol.

Ejemplo: en los inicios de Google, sus creadores, Larry Page y Sergey Brin, aplicaron este estilo, y permitieron a los ingenieros proponer proyectos innovadores de forma autónoma.

■ **Liderazgo transformacional**

El líder inspira y motiva mediante una visión de futuro. Promueve el crecimiento personal, la innovación y la confianza. Es el utilizado en contextos de cambio o desarrollo organizacional.

Ventajas: alto compromiso, entusiasmo y sentido de propósito.

Riesgos: si no se acompaña con gestión práctica, puede quedarse en idealismo.

Ejemplo: Elon Musk, en Tesla, motivó a sus ingenieros con la visión de un futuro sostenible, logrando que el Tesla Model 3 alcanzara una producción de 500 000 unidades en 2020, revolucionando la industria automotriz.

■ **Liderazgo transaccional**

El líder se centra en la estructura, las normas y las recompensas. Basa su autoridad en contratos, objetivos y resultados medibles. Funciona bien en organizaciones jerárquicas o con procesos estandarizados.

Ventajas: claridad en las tareas y recompensas por desempeño.

Riesgos: puede limitar la creatividad y la autonomía.

Ejemplo: en Amazon, los gerentes de almacenes usan un estilo transaccional, ofreciendo bonos por cumplir metas de envío, lo que en 2022 mejoró la productividad un 15 %, aunque generó críticas por presión laboral.

■ **Liderazgo situacional**

El líder adapta su estilo según las circunstancias y el grado de madurez o competencia del equipo. Combina varios estilos en función de lo que el grupo necesite en cada momento.

Ventajas: flexibilidad y eficacia.

Riesgos: exige autoconocimiento y observación constante.

Ejemplo: Angela Merkel, excanciller de Alemania, durante sus años de mandato, ajustó su estilo de liderazgo según las circunstancias y las personas implicadas.

— En momentos de la crisis financiera europea (2008-2012), adoptó un estilo más directivo y firme, con decisiones rápidas y una línea clara de actuación.

— En cambio, durante la crisis de los refugiados (2015), mostró un liderazgo más empático y participativo, promoviendo el diálogo con distintos sectores sociales y Gobiernos regionales.

Tabla 1.3. Comparación entre los distintos estilos de liderazgo

Estilo de liderazgo	Toma de decisiones	Participación del equipo	Nivel de control	Motivación	Contexto ideal
Autoritario	Centralizada	Baja	Alto	Externa (por órdenes)	Crisis o urgencias
Democrático	Compartida	Alta	Medio	Interna (por compromiso)	Proyectos creativos
Laissez-faire	Descentralizada	Muy alta	Bajo	Interna (por autonomía)	Equipos expertos
Transformacional	Compartida	Alta	Medio	Alta (por inspiración)	Cambios organizativos
Transaccional	Jerárquica	Media	Alto	Externa (por recompensas)	Procesos rutinarios
Situacional	Variable	Variable	Variable	Mixta	Entornos cambiantes

CASO PRÁCTICO 1.2

Una empresa debe sustituir su programa de gestión por uno más moderno y basado en la nube. El proceso implica capacitación y adaptación a nuevas formas de trabajo.

¿Cómo actuaría la persona líder según cada estilo?

Estilo	Decisión del líder	Resultado probable
Autoritario	Ordena el cambio inmediato y fija una fecha límite sin consultar.	Cambio rápido, pero genera estrés y poca implicación.

Estilo	Decisión del líder	Resultado probable
Democrático	Consulta al equipo antes de decidir la fecha y método de formación.	Mayor compromiso, pero el proceso se alarga.
Laissez-faire	Informa del cambio y deja que cada uno se organice.	Autonomía total, pero resultados desiguales.
Transformacional	Motiva al grupo explicando cómo el cambio mejorará su trabajo.	Entusiasmo y aprendizaje continuo.
Transaccional	Ofrece incentivos por completar la formación y cumplir plazos.	Cumplimiento eficaz, aunque sin entusiasmo.
Situacional	Adapta su apoyo según la experiencia de cada persona.	Equilibrio entre resultados y bienestar.

Figura 1.2. Un mismo problema, seis estilos de liderazgo.

1.3. Habilidades directivas esenciales

El liderazgo efectivo va más allá de ostentar un cargo o emitir directrices. Como hemos estudiado, el liderazgo es la capacidad de inspirar, orientar y potenciar a un equipo hacia el logro de objetivos comunes. En el contexto organizacional actual, las personas líderes deben dominar un conjunto de competencias que les permitan conectar con sus equipos, tomar decisiones informadas y gestionar desafíos con agilidad. El conjunto de estas competencias son las habilidades directivas.

Una habilidad, en términos generales, se define como la capacidad adquirida mediante el aprendizaje, la práctica o la experiencia para realizar una tarea o actividad de manera efectiva y eficiente. En el ámbito del liderazgo, las habilidades directivas se refieren a un conjunto específico de competencias interpersonales y estratégicas que permiten a un líder influir positivamente en su equipo, gestionar recursos y alcanzar objetivos organizacionales.

En resumen, **las habilidades directivas son competencias que permiten a una persona dirigir, coordinar y motivar a un equipo hacia el cumplimiento de metas.** Estas habilidades combinan aspectos técnicos, humanos y estratégicos. Se desarrollan con la experiencia, la formación y, sobre todo, con la práctica consciente. A continuación, analizamos las seis principales habilidades directivas.

1.3.1. Comunicación eficaz

Los directivos deben ser capaces de transmitir sus ideas claramente y de manera persuasiva. Esto incluye tanto la comunicación verbal como la no verbal. La capacidad de comunicarse eficazmente ayuda a motivar a los equipos, gestionar situaciones delicadas y evitar malentendidos que podrían obstaculizar el crecimiento.

Claves para una comunicación eficaz:

- Claridad y precisión: implica usar un lenguaje directo, evitando ambigüedades.

- Escucha activa: consiste en prestar atención plena, formular preguntas y validar las ideas de los demás.

- Adaptación al contexto: se trata de ajustar el tono y el medio (reuniones, correos, charlas informales), según la situación.

Ejemplo: en una línea de montaje, el jefe comunica un cambio en la secuencia de trabajo: explica por qué cambia, muestra la nueva secuencia con un diagrama breve y pide a dos trabajadores que repitan cómo lo entenderían. Así detecta errores antes de que ocurran.

Elementos de la comunicación eficaz:

Los principales elementos para conseguir una comunicación eficaz son la claridad, la escucha activa y la adaptación. Los mostramos en la Tabla 1.4.

Tabla 1.4. Elementos de la comunicación eficaz

Elemento	Descripción	Ejemplo
Claridad	Expresar ideas de forma sencilla y comprensible.	Resumir un objetivo en una frase clara.

Elemento	Descripción	Ejemplo
Escucha activa	Escuchar sin interrumpir y mostrar empatía.	Reformular lo dicho anteriormente por una compañera para confirmar.
Adaptación	Ajustar el mensaje según la audiencia.	Usar gráficos para equipos visuales.

1.3.2. Toma de decisiones

La toma de decisiones es el proceso para elegir la mejor alternativa entre varias, teniendo en cuenta información disponible, riesgos y consecuencias.

Pasos para una toma de decisiones efectiva:

1. Recopilar información: consultar datos fiables y opiniones de expertos.

2. Evaluar opciones: analizar riesgos, beneficios y consecuencias a largo plazo.

3. Actuar con decisión: implementar la decisión y evaluar los resultados.

Las decisiones pueden ser estratégicas (a largo plazo), tácticas (plazo medio) u operativas (inmediatas).

Ejemplo: ante una avería en una máquina, la persona responsable decide entre parar la línea 30 minutos (solución rápida) o continuar y planificar una parada para una reparación mayor.

1.3.3. Inteligencia emocional (IE)

La inteligencia emocional es la capacidad de reconocer y gestionar las emociones propias y de los demás para mejorar la relación y el rendimiento.

Elementos principales de la inteligencia emocional:

- Autoconciencia: identificar emociones propias.

- Autogestión: controlar reacciones impulsivas.

- Empatía: comprender emociones ajenas.

- Habilidades sociales: comunicación y colaboración.

Ejemplo: ante un trabajador que llega tarde repetidas veces, la persona líder preparada emocionalmente abordará el tema en privado, expresará hechos (no juicios), escuchará la explicación y acordará un plan de mejora.

1.3.4. Delegación

La delegación consiste en asignar tareas a otros, confiando en sus capacidades para fomentar autonomía y desarrollo. Es una habilidad que permite al líder centrarse en lo esencial, desarrolla las capacidades de otras personas del equipo y mejora la eficiencia.

Estrategias para delegar:

■ Asignar según fortalezas: identificar las habilidades de cada miembro del equipo.

■ Definir expectativas claras: establecer objetivos y plazos específicos.

■ Seguimiento sin supervisión constante: ofrecer apoyo sin controlar cada detalle.

Errores comunes en la delegación:

■ Delegar sin explicar los objetivos.

■ No proporcionar recursos ni autoridad.

■ Recuperar la tarea («deshacer» la delegación).

Ejemplo: una responsable de proyecto delega la redacción de un informe a un técnico junior: define el contenido mínimo, la fecha de entrega, ofrece una plantilla y acuerda una revisión a mitad de camino.

1.3.5. Gestión del tiempo

La gestión del tiempo permite a las personas líderes priorizar tareas, optimizar recursos y mantener el equilibrio; se trata de organizar y priorizar tareas para usar el tiempo con eficacia.

Técnicas de gestión del tiempo:

■ Priorización: usar herramientas como la matriz de Eisenhower (urgente/importante).

■ Planificación: establecer agendas diarias o semanales.

■ Eliminación de distracciones: limitar interrupciones como notificaciones innecesarias.

Ejemplo: una persona responsable de turno planifica la jornada con tres prioridades: revisar pedidos críticos, coordinar entregas y resolver incidencias. Reserva bloques de 60 minutos por la mañana sin reuniones para trabajo concentrado.

Tabla 1.5. Matriz de Eisenhower o matriz de gestión del tiempo

Categoría	Descripción	Acción
Urgente e importante	Tareas críticas que requieren acción inmediata.	Hacer de inmediato.

Categoría	Descripción	Acción
Importante, no urgente	Tareas estratégicas a largo plazo.	Planificar y programar.
Urgente, no importante	Tareas que pueden delegarse.	Delegar a otros.
No urgente, no importante	Tareas que consumen tiempo innecesariamente.	Eliminar o minimizar.

1.3.6. Resolución de conflictos

La resolución de conflictos implica gestionar desacuerdos de manera constructiva para mantener la armonía y el progreso.

Pasos para resolver conflictos:

- Escuchar a todas las partes: permitir que cada involucrado exprese su perspectiva.

- Identificar la causa: analizar el origen del problema, no solo los síntomas.

- Proponer soluciones colaborativas: busca acuerdos que beneficien a todos.

Ejemplo: dos técnicos discuten por quién debe cuidar una máquina en fines de semana. La persona responsable modera una reunión, identifica que ambos quieren evitar trabajo extra, propone un calendario rotativo con compensación y acuerdan revisarlo al mes.

Tabla 1.6. Resumen de las habilidades directivas

Habilidad	Descripción
Comunicación eficaz	Saber escuchar, expresar ideas con claridad y adaptar el mensaje al interlocutor.
Toma de decisiones	Evaluar opciones, asumir riesgos calculados y actuar con criterio.
Inteligencia emocional	Reconocer y gestionar emociones propias y ajenas para mejorar relaciones.
Delegación	Confiar en el equipo, asignar tareas según fortalezas y evitar el seguimiento constante.
Gestión del tiempo	Priorizar, planificar y evitar el retraso de tareas importantes.
Resolución de conflictos	Mediar, negociar y buscar soluciones que beneficien al equipo.

ACTIVIDADES FINALES

DE EVALUACIÓN

1.1. **¿Qué diferencia principal existe entre liderazgo y gestión?**

   a. El liderazgo se centra en las tareas y la gestión en las personas.

   b. El liderazgo inspira personas, mientras que la gestión organiza recursos.

   c. La gestión es a largo plazo y el liderazgo a corto plazo.

1.2. **En una organización, el liderazgo implica principalmente:**

   a. Controlar y supervisar recursos.

   b. Influir y motivar hacia metas comunes.

   c. Establecer reglas y normas.

1.3. **La visión como elemento del liderazgo se refiere a:**

   a. Proyectar el futuro y orientar a otros hacia él.

   b. Cumplir con las tareas asignadas.

   c. Controlar la ejecución de objetivos inmediatos.

1.4. **La influencia en el liderazgo consiste en:**

   a. Ejercer autoridad mediante órdenes.

   b. Controlar resultados y corregir errores.

   c. Conseguir compromiso y confianza sin imponer.

1.5. **Un líder con inteligencia emocional se caracteriza por:**

   a. Evitar los conflictos a toda costa.

   b. Reaccionar con firmeza y rapidez ante los errores ajenos.

   c. Comprender y gestionar emociones propias y ajenas.

1.6. **¿En qué clase de situaciones es más útil el liderazgo autoritario?**

   a. De crisis o urgencia.

   b. De innovación y creatividad.

   c. De trabajo autónomo.

1.7. **¿Cuál de las siguientes características se corresponde con el liderazgo democrático?**

   a. La rapidez en la toma de decisiones.

   b. La centralización del poder.

   c. La participación y el diálogo con el grupo.

ACTIVIDADES FINALES

1.8. ¿Qué implica una delegación adecuada?

a. Supervisar continuamente las tareas delegadas.

b. Asignar tareas sin definir expectativas.

c. Confiar en el equipo y dar apoyo sin controlar en exceso.

1.9. Según la matriz de Eisenhower, las tareas importantes, pero no urgentes deben:

a. Hacerse de inmediato.

b. Planificarse y programarse.

c. Eliminarse.

1.10. En la resolución de conflictos, ¿cuál es el primer paso que debe seguir la persona líder?

a. Proponer soluciones directamente.

b. Escuchar a todas las partes implicadas.

c. Tomar una decisión unilateral.

DE APLICACIÓN

1.11. Lee el caso de El horno de Marina. ¿Qué elementos del liderazgo puso en práctica?

1.12. Explica una diferencia entre liderazgo y gestión y pon un ejemplo.

1.13. Relaciona cada elemento de la columna izquierda con una acción práctica de la columna derecha:

Visión	Convencer con el ejemplo.
Influencia	Reconocer los logros.
Comunicación	Escuchar y explicar con claridad.
Motivación	Mantener la calma ante conflictos.
Inteligencia emociona	Definir un objetivo común.

1.14. ¿Qué estilo aplicarías para dirigir un equipo creativo y por qué?

1.15. Escribe tres fortalezas propias y un aspecto que mejorar como líder.

1.16. Aplica los tres pasos de la toma de decisiones a un problema simple (por ejemplo, elegir entre dos proveedores).

1.17. Imagina que debes anunciar un cambio de horario. ¿Cómo lo comunicarías para evitar malentendidos?

ACTIVIDADES FINALES

1.18. Coloca estas tareas en la matriz de Eisenhower:

Reunión con proveedor.

Responder correos no urgentes.

Preparar informe mensual.

Revisar avería urgente.

1.19. Dos compañeros discuten por el reparto de turnos. ¿Qué harías como líder?

1.20. ¿Qué habilidad directiva consideras más importante y por qué?

2

Inteligencia emocional y social

Como hemos estudiado en el Apartado 1.3.3, la inteligencia emocional es una de las habilidades directivas esenciales. Se ha convertido en un pilar del liderazgo moderno, ya que permite a los líderes comprender y gestionar sus emociones, conectar con las de los demás y construir relaciones sólidas en entornos profesionales. No basta con tener conocimientos técnicos o capacidad de organización; un buen líder debe comprender y gestionar sus propias emociones, así como reconocer y responder de manera adecuada a las de los demás. Este equilibrio emocional favorece la empatía, mejora la comunicación y fortalece los vínculos dentro del equipo.

2.1. Inteligencia emocional e inteligencia social

El liderazgo efectivo no depende solo del conocimiento técnico o de la experiencia profesional. En las organizaciones modernas, donde la colaboración, la diversidad y la adaptación son constantes, las habilidades emocionales y sociales se han convertido en el núcleo del liderazgo exitoso.

La inteligencia emocional y la inteligencia social se complementan entre sí. La emocional se centra en el **yo** (autogestión), mientras que la social se enfoca en el **nosotros** (interacción).

2.1.1. Inteligencia emocional

Daniel Goleman definió el concepto de **inteligencia emocional** como *la capacidad de reconocer nuestros propios sentimientos y los de los demás, de motivarnos y de manejar adecuadamente las relaciones.*

La inteligencia emocional conlleva dos vertientes:

■ Saber gestionar las emociones propias.

■ Saber interpretar las emociones de los demás.

La inteligencia emocional se está convirtiendo en la competencia laboral clave por excelencia. Las empresas que promueven en sus empleados las competencias derivadas de la inteligencia emocional reducen el absentismo, los costes y el bajo rendimiento. En muchas ocasiones los trabajadores son contratados a partir de sus competencias técnicas, y posteriormente son despedidos por falta de competencias emocionales.

Para conseguir el éxito en el campo profesional, se deben desarrollar competencias

> **Daniel Goleman** es un psicólogo, periodista y escritor estadounidense. En 1995 publicó el libro *Inteligencia emocional* donde se desarrollaban las teorías de las competencias emocionales.
>
> En la actualidad, la inteligencia emocional se aplica en diversos campos por sus reconocidos beneficios tanto para la salud mental como para el rendimiento laboral.

personales que contribuyan a gestionar las situaciones que se presentan en el entorno laboral.

Una persona con alta inteligencia emocional sabrá entender mejor las necesidades y las conductas de sus compañeros, clientes o proveedores, y también será más competente a la hora de procesar información y tomar decisiones.

Ejemplo: una líder de equipo nota tensión en una reunión. En lugar de ignorarla o reaccionar con dureza, reconoce el clima emocional, da espacio a los miembros para expresarse y redirige la conversación hacia soluciones. Ese control emocional evita el conflicto y refuerza la confianza.

Según Goleman, la inteligencia emocional se puede dividir en cinco componentes: autoconciencia, autorregulación, motivación, empatía y habilidades sociales.

- **Autoconciencia:** saber qué sentimos y por qué.
- **Autorregulación:** controlar impulsos y emociones negativas.
- **Motivación:** orientarse hacia metas con entusiasmo.
- **Empatía:** comprender los sentimientos ajenos.
- **Habilidades sociales:** comunicar, colaborar y resolver conflictos.

2.1.2. Inteligencia social

Por otra parte, **la inteligencia social es la capacidad de una persona para comprender, interpretar y gestionar adecuadamente las relaciones y dinámicas con los demás.** Se trata de tener habilidades concretas que permitan interactuar de manera efectiva y positiva en distintos contextos sociales.

Ejemplo: en una empresa multicultural, un directivo con alta inteligencia social ajusta su estilo comunicativo según el contexto: es directo cuando el equipo lo necesita, pero también escucha activamente y reconoce las diferencias culturales. Así logra que personas muy distintas trabajen hacia un mismo objetivo.

Componentes de la inteligencia social:
- **Empatía:** capacidad de percibir y entender las emociones y perspectivas de otras personas.
- **Habilidades de comunicación:** saber expresarse con claridad y escuchar activamente.
- **Manejo de relaciones:** establecer y mantener relaciones positivas, resolver conflictos y colaborar.
- **Conciencia social:** reconocer normas, dinámicas y estructuras dentro de grupos o comunidades.

En resumen, la inteligencia emocional se centra en la gestión de las propias emociones y la comprensión de las emociones ajenas, mientras que la inteligencia social se enfoca en la interacción con los demás y en cómo influir y adaptarse a contextos sociales.

2.2. Autoestima

La autoestima es la valoración, percepción y aprecio que una persona tiene de sí misma. Es la opinión subjetiva que una persona tiene sobre su propio valor, competencia y valía como individuo. La autoestima puede ser positiva o negativa y puede variar a lo largo del tiempo en respuesta a las experiencias y las interacciones personales.

Una autoestima saludable implica tener una imagen de uno mismo positiva y realista, lo que significa tener confianza en las propias habilidades y valorarse a uno mismo sin ser excesivamente crítico o autocrítico. Tener una buena autoestima es importante para el bienestar emocional y psicológico, ya que influye en la forma en que una persona se relaciona con los demás, toma decisiones, enfrenta desafíos y se siente en su vida cotidiana.

La autoestima afecta a todos los ámbitos de nuestra vida: trabajo, familia, ocio o relaciones, por lo que tener una buena autoestima nos ayuda a tener más confianza en nosotros mismos, estar más seguros de nuestras decisiones y valorarnos más frente a los demás.

Figura 2.1. Ejemplos de aplicación de los componentes de la inteligencia social.

El autoconcepto es la idea general que una persona elabora sobre ella misma en distintos aspectos de su vida. Se trata de la suma de creencias que cada persona tiene sobre sus cualidades personales. Los aspectos que conforman el autoconcepto son la identidad personal y la identidad social.

El autoconcepto está muy ligado a la autoestima, ya que si tenemos un autoconcepto negativo, tendremos una baja autoestima. Si por el contrario tenemos un autoconcepto positivo, tendremos una alta autoestima.

Tabla 2.1. Componentes del autoconcepto

Identidad personal	Rasgos de personalidad
	Gustos
	Visión personal
	Pensamientos
	Ideas
	Creencias personales
Identidad social	Amistades
	Familia
	Actividades sociales
	Ocio

La autoestima y la superación personal están estrechamente relacionadas. Tener una autoestima saludable permite enfrentar miedos, superar obstáculos y aprender de los errores sin que afecten negativamente nuestra confianza. En la Tabla 2.2, se presentan algunas pautas de fortalecimiento de la autoestima:

Tabla 2.2. Aspectos clave relacionados con el fortalecimiento de la autoestima

Superación de los miedos	Identificar el origen del miedo y cuestionar su validez.
	Enfrentar gradualmente situaciones que generan temor.
	Reemplazar pensamientos negativos por afirmaciones positivas.
Superación de obstáculos	Ver los desafíos como oportunidades de crecimiento.
	Desarrollar estrategias para resolver problemas de manera efectiva.
	Dividir los problemas en partes manejables y centrarse en ellas.
Aprender de los errores	Aceptar que equivocarse es parte del aprendizaje.
	Reflexionar sobre lo sucedido y buscar mejoras.
	Evitar la autocrítica excesiva y enfocarse en soluciones.
Espíritu de superación	Rodearse de personas que impulsen el crecimiento personal.
	Establecer metas claras y alcanzables.
	Mantener la motivación y la disciplina.

La autoestima en el ámbito laboral es la percepción que cada uno tiene del desarrollo de su trabajo y se suele medir según lo que una persona cree que hace y lo que debería hacer. No está relacionado con los conocimientos o capacidades, sino con el sentimiento que uno mismo tiene sobre su propio trabajo. Una persona que considera que desarrolla su trabajo con éxito tendrá una autoestima alta, sin embargo, si considera que su trabajo no es lo suficientemente bueno disminuirá la confianza en sí mismo, generando una autoestima baja que terminará afectando a la calidad y cantidad de trabajo.

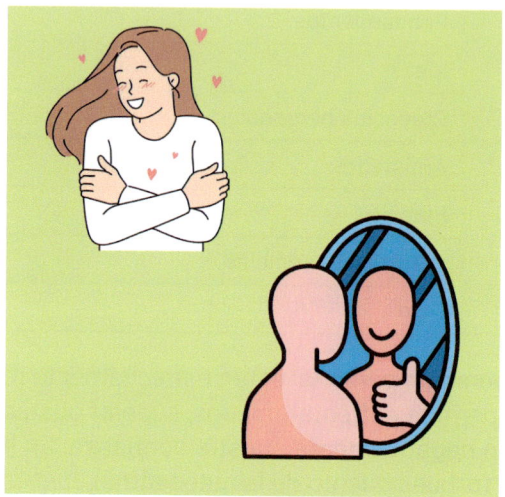

Figura 2.2. Tener una autoestima alta permite tener confianza en el trabajo y aporta seguridad.

Por tanto, reforzar la autoestima es un trabajo que, tanto responsables como compañeros, se debe realizar y fomentar. A continuación, detallamos algunas acciones para conseguirlo:

- **Valoración del trabajo realizado.** Si un trabajador o compañero ha realizado un buen trabajo es importante felicitarlo. Dar reconocimiento al trabajo realizado refuerza la autoestima de las personas.

- **Potenciar la colaboración entre compañeros.** Formar equipos menos competitivos entre ellos y afrontar los retos conjuntamente. Está demostrado que si se trabaja en un equipo que se apoya y confían los unos en los otros, se obtienen mayores beneficios.

- **Creer en las capacidades de los compañeros.** Conocer el potencial de los miembros del equipo y apoyarlos desde la escucha, el respeto y la confianza. Si nuestro equipo confía en nosotros, aunque no seamos expertos o tengamos mucha experiencia, nos sentiremos con confianza y tendremos menos miedo a cometer errores.

- **Cuidar las opiniones.** En ocasiones, los compañeros de trabajo opinan de forma negativa sobre el trabajo de una manera inadecuada por su tono, lenguaje verbal o corporal, actitud, etc. Debemos ser conscientes de que ese mensaje es una opinión sobre cierto trabajo y, antes de dejar que afecte a la autoestima, hay que saber enfrentar el problema de una forma madura y adecuada.

■ **Orgullo de pertenencia.** Para aumentar nuestra autoestima debemos también retroalimentar la de los demás. Por eso, si valoramos y admiramos el trabajo de nuestros compañeros los veremos como ejemplos que seguir en el mundo laboral.

Ya sea en el entorno laboral como en el personal, conseguir alcanzar un grado alto de autoestima debe pasar por un proceso de ascenso que va desde el autoconocimiento hasta la autoestima en sí. Es lo que se conoce como pirámide de la autoestima.

Con **pirámide de la autoestima** nos referimos a los peldaños o escalones por los que hay que ascender para lograr una autoestima adecuada. Ese camino, en el que se aplican estrategias de inteligencia emocional, comienza por el autoconocimiento.

Figura 2.3. La pirámide de la autoestima.

1. **Autoconocimiento:** encontrar tanto nuestras virtudes como nuestras limitaciones. Siempre se hace desde los puntos negativos, ya que esto nos deja ver lo positivo y cómo trabajar con ello. Nada tiene que ver con lo establecido socialmente, sino lo que nosotros creemos que está bien o mal.

2. **Autoconcepto:** ver lo que realmente creemos sobre nosotros, tanto lo positivo como lo negativo, y crear una imagen de nosotros mismos para poder ver qué es lo que queremos cambiar.

3. **Autoevaluación:** capacidad de valorar nuestras virtudes, tanto físicas como psicológicas. Este paso es de los más importantes, y hay que trabajar para ver qué virtudes tenemos que nos ayuden a ascender los peldaños.

4. **Autoaceptación:** aceptarse tal y como uno es, desde el ámbito psicológico hasta el físico. Una vez nos conozcamos y nos aceptemos, nos daremos el derecho a trabajar para mejorar. Es el paso más difícil del proceso, aceptarnos tal y como somos en ese momento concreto.

5. **Autorrespeto:** es la capacidad que deben tener las personas para ser felices y considerar que los demás también pueden serlo.

6. **Autoestima:** solo tras haber escalado todos los peldaños anteriores, llegaremos a un punto donde creamos verdaderamente en nuestras capacidades y habilidades para poder tomar las mejores decisiones y resolver con solvencia los problemas e imprevistos que vayan surgiendo día a día.

Test de autoestima

Los test psicológicos son solo herramientas orientativas y **bajo ningún concepto deben tomarse como un diagnóstico.**

Aunque los resultados de los test psicológicos son solo aproximaciones orientativas que utilizan los psicólogos, **pueden ser útiles para el autoconocimiento** en relación con la reflexión personal sobre la autoimagen y el bienestar.

El test de Rosenberg

El test de Rosenberg es un cuestionario psicológico de tipo autoinforme diseñado para medir la autoestima de una persona. Fue desarrollado por Morris Rosenberg y es uno de los cuestionarios más utilizados en el ámbito de la psicología para evaluar la percepción que tiene una persona de sí misma, así como la forma en que se valora y se siente.

El test consta de 10 afirmaciones en las que la persona responde en una escala que va desde «Muy de acuerdo« hasta «Totalmente en desacuerdo». Estas afirmaciones evalúan:

- La percepción positiva o negativa de uno mismo.

- La satisfacción general con uno mismo.

- La confianza y el valor personal.

TEST DE ROSENBERG

(Fuente: Banco de Instrumentos y Metodologías en Salud Mental. CIBERSAM. Ministerio de Ciencia, Innovación y Universidades).

Por favor, conteste a los siguientes ítems rodeando con un círculo la respuesta que considere adecuada:

A	B	C	D
Muy de acuerdo	De acuerdo	En desacuerdo	Totalmente en desacuerdo

Ítem	Valoración
1. Siento que soy una persona digna de aprecio, al menos en igual medida que los demás.	A. Muy de acuerdo B. De acuerdo C. En desacuerdo D. Totalmente en desacuerdo

2. Me inclino a pensar que, en conjunto, soy un fracasado.	A. Muy de acuerdo B. De acuerdo C. En desacuerdo D. Totalmente en desacuerdo
3. Creo que tengo varias cualidades buenas.	A. Muy de acuerdo B. De acuerdo C. En desacuerdo D. Totalmente en desacuerdo
4. Puedo hacer las cosas tan bien como la mayoría de la gente.	A. Muy de acuerdo B. De acuerdo C. En desacuerdo D. Totalmente en desacuerdo
5. Creo que no tengo muchos motivos para sentirme orgulloso de mí.	A. Muy de acuerdo B. De acuerdo C. En desacuerdo D. Totalmente en desacuerdo
6. Tengo una actitud positiva hacia mí mismo.	A. Muy de acuerdo B. De acuerdo C. En desacuerdo D. Totalmente en desacuerdo
7. En general, estoy satisfecho conmigo mismo.	A. Muy de acuerdo B. De acuerdo C. En desacuerdo D. Totalmente en desacuerdo
8. Desearía valorarme más a mí mismo.	A. Muy de acuerdo B. De acuerdo C. En desacuerdo D. Totalmente en desacuerdo
9. A veces me siento verdaderamente inútil.	A. Muy de acuerdo B. De acuerdo C. En desacuerdo D. Totalmente en desacuerdo
10. A veces pienso que no sirvo para nada.	A. Muy de acuerdo B. De acuerdo C. En desacuerdo D. Totalmente en desacuerdo

Resultados del test

Es importante que para responder al test la persona sea honesta consigo misma. Deberá responder según su percepción general y no apresurar en sus respuestas. Hay que tratar de leer cuidadosamente las afirmaciones y usar las escalas correctamente.

La prueba consta de 10 preguntas, puntuables entre 1 y 4 puntos, lo que permite obtener una puntuación mínima de 10 y máxima de 40. Las preguntas miden cómo se valora la persona y qué grado de autosatisfacción tiene.

La puntuación para cada respuesta es la siguiente:

Ítem	Respuesta	Valoración
1	A	4 puntos
	B	3 puntos
	C	2 puntos
	D	1 punto
2	A	1 punto
	B	2 puntos
	C	3 puntos
	D	4 puntos
3	A	4 puntos
	B	3 puntos
	C	2 puntos
	D	1 punto
4	A	4 puntos
	B	3 puntos
	C	2 puntos
	D	1 punto
5	A	1 punto
	B	2 puntos
	C	3 puntos
		4 puntos

Ítem	Respuesta	Valoración
6	A	4 puntos
	B	3 puntos
	C	2 puntos
	D	1 punto
7	A	4 puntos
	B	3 puntos
	C	2 puntos
	D	1 punto
8	A	1 punto
	B	2 puntos
	C	3 puntos
	D	4 puntos
9	A	1 punto
	B	2 puntos
	C	3 puntos
	D	4 puntos
10	A	1 punto
	B	2 puntos
	C	3 puntos
	D	4 puntos

Una vez sumada la valoración obtenida en cada una de las 10 preguntas, el resultado de autoestima es el siguiente:

- Puntuación entre 30-40: autoestima elevada.
- Puntuación entre 20-29: autoestima media.
- Puntuación entre 10-19: autoestima baja.

Cuestionario «Cómo me valoro»

Este test tiene como objetivo reflexionar sobre la autovaloración y estar alerta ante la influencia de las opiniones externas sobre el grado de autoestima.

¿CÓMO ME VALORO?		
(Fuente: Programa Clara. Dinámica adaptada del material: Aurora. Hacia la inserción laboral a través del desarrollo personal, Ed., Instituto de la Mujer del Principado de Asturias).		

	Siempre	A veces	Nunca
Siento que mi familia me considera alguien importante.			

	Siempre	A veces	Nunca
Sé aceptar mis defectos.			
Me siento orgulloso/a de mis virtudes.			
Expreso mis opiniones cuando creo que tengo razón.			
Creo que soy una persona activa.			
Me considero una persona alegre.			
Me gusto a mí mismo/a.			
Siento que mi familia valora mis opiniones, consejos, decisiones, etcétera.			
Me considero una persona con muchas destrezas.			
Me considero una persona capacitada para resolver los problemas que se me presentan.			
Creo que mis opiniones son tan válidas como la de otras personas.			
La mayor parte del tiempo me siento seguro conmigo mismo.			
TOTAL			

Para la evaluación de las respuestas, se ha de tener en cuenta que 7 «X» en la columna «Siempre» es un alto nivel de autoestima. Y a mayor número de respuestas en la columna «Nunca», más bajo nivel de autoestima.

2.3. Control del estrés

El término «estrés» procede del latín stringere ('apretar') y llegó a nuestro idioma desde la ingeniería, donde describe el esfuerzo o la resistencia que padece un material sometido a una fuerza externa. En el ámbito de la psicología, «estrés» se emplea para señalar la sobrecarga de exigencias que genera en la persona un estado de tensión excesiva.

Sin embargo, el estrés no es únicamente un enemigo: también es un mecanismo adaptativo que ha contribuido a la supervivencia humana y al rendimiento óptimo en momentos de desafío. Cuando se activa de forma equilibrada, nos prepara para enfrentarnos a las demandas, optimiza nuestro desempeño y fomenta nuestra capacidad de reacción.

Podemos distinguir dos tipos de estrés:

Eustrés (estrés «positivo»): es la reacción biológica adaptativa que nos impulsa y agiliza física y mentalmente ante una situación exigente. Gracias a él, alcanzamos resultados satisfactorios sin incurrir en un coste personal excesivo.

Distrés (estrés «negativo»): aparece cuando la tensión persiste o supera nuestro umbral óptimo de activación. Pierde su función protectora y desencadena efectos adversos para la salud física y psicológica.

En el uso cotidiano hablamos de este último tipo de estrés para referirnos a esas presiones y demandas que sentimos abrumadoras, ya sea porque nos faltan recursos o porque desconocemos la mejor manera de afrontarlas.

Por tanto, podemos definir el estrés **como un estado de preocupación o tensión mental generado por una situación difícil.** Todas las personas tenemos un cierto grado de estrés, ya que se trata de una respuesta natural a las amenazas y a otros estímulos.

El estrés no es solo una experiencia personal, se contagia y modifica la dinámica del equipo. Una persona líder estresada puede transmitir ansiedad, reducir la claridad en la toma de decisiones y acelerar el riesgo de agotamiento colectivo. Por eso, el control del estrés es una competencia directiva: protege la salud, la productividad y la cohesión del equipo.

El estrés es uno de los motivos más importantes de pérdida de jornadas de trabajo en Europa, afectando a la salud de los empleados. Por ello, la Agencia Europea para la Seguridad y la Salud en el Trabajo (EU-OSHA) ha publicado la guía electrónica para la gestión del estrés y los riesgos psicosociales. El objetivo es ofrecer una herramienta práctica y accesible para pequeñas empresas. La guía está diseñada para ayudar a empresarios y trabajadores a comprender y abordar los riesgos psicosociales, proporcionando explicaciones sencillas, información sobre las consecuencias del estrés y ejemplos prácticos para prevenirlo.

 Acceso a la guía electrónica para la gestión del estrés y de los riesgos psicosociales. Agencia Europea para la Seguridad y la Salud en el Trabajo (EU-OSHA).

2.3.1. Causas del estrés en el liderazgo

El estrés directivo suele tener su origen en una combinación de factores personales, organizativos y contextuales. Reconocerlos es el primer paso para prevenirlos. En la Tabla 2.3. desarrollamos las principales causas.

Tabla 2.3. Causas del estrés en el liderazgo

Causa	Descripción	Ejemplo
Carga de trabajo	Exceso de tareas o responsabilidades simultáneas sin tiempo suficiente para cumplirlas.	Un gerente que dirige varios proyectos a la vez y recibe constantes interrupciones de su equipo y superiores.

Causa	Descripción	Ejemplo
Falta de control	Sensación de no poder influir en las decisiones que afectan a los resultados o al propio equipo.	Una persona líder que debe aplicar políticas que no comparte o que no puede adaptar a la realidad de su grupo.
Cambios constantes	Transformaciones continuas en la organización, los procesos o los objetivos que impiden consolidar rutinas.	Reestructuraciones, nuevas tecnologías o fusiones que generan incertidumbre y presión.
Falta de apoyo organizativo	Escasa comunicación con la dirección, ausencia de reconocimiento o recursos insuficientes.	Contar con personal insuficiente o sin formación para afrontar los retos del departamento.

Estas causas no solo afectan al líder, sino que se proyectan sobre el equipo, generando un «efecto dominó» en el clima laboral y el rendimiento.

2.3.2. Señales para detectar el estrés

El estrés sostenido se manifiesta de forma progresiva. Detectar señales tempranas permite intervenir antes de que afecte al bienestar y a la eficacia del equipo. Las señales humanas preceden siempre a los indicadores de rendimiento. Las analizamos en la Tabla 2.4.

Tabla 2.4. Señales de estrés

Tipo de señal	Manifestaciones	Elementos de observación
Físicas	Cansancio, insomnio, dolores musculares, migrañas, problemas digestivos.	Empleados que llegan agotados o se ausentan con frecuencia.
Emocionales	Irritabilidad, ansiedad, tristeza, sensación de agobio o impotencia.	Cambios de humor o aumento de conflictos interpersonales.
Cognitivas	Falta de concentración, olvidos, indecisión, pensamiento negativo.	Errores frecuentes o dificultad para priorizar.
Conductuales	Aislamiento; aumento del consumo de café, alcohol o tabaco; retrasos.	Falta de implicación, menos comunicación o aumento del cinismo.
Organizativas	Descenso de productividad, aumento del absentismo o de la rotación.	Indicadores de que el estrés se está convirtiendo en un problema grupal.

2.3.3 Acciones para controlar el estrés

Una gestión eficaz del liderazgo implica también prevenir, gestionar y transformar el estrés tanto en uno mismo como en el equipo. Estas acciones combinan autocuidado y gestión de personas, es decir, puesta en práctica de inteligencia emocional y social. Entre las principales acciones que se pueden llevar a cabo, destacamos las siguientes:

■ **Pausas y ritmo sostenible**
  - Dar ejemplo: si la persona líder no se detiene, el equipo tampoco lo hará.
  - Promover microdescansos de 5 minutos por hora para estirarse, respirar o desconectar brevemente.
  - Evitar exceso de reuniones o reuniones fuera del horario laboral.

■ **Comunicación clara y empática**
  - Explicar los cambios con transparencia y argumentados.
  - Escuchar activamente y preguntar por el bienestar, no solo por las tareas.
  - Evitar mensajes contradictorios o urgencias innecesarias.

  Ejemplo: ante un proyecto urgente, explicar el porqué, los plazos reales y las prioridades, y reconocer el esfuerzo del equipo.

■ **Ambientes de recuperación**
  - Fomentar espacios físicos o simbólicos donde el equipo pueda recargar energía (una sala tranquila, pausas colectivas, pequeños rituales de cierre de jornada).
  - Promover la **desconexión digital** fuera del horario laboral.
  - Organizar breves actividades que fortalezcan el sentido de pertenencia.

  Ejemplo: reuniones breves de agradecimiento los viernes o un desayuno mensual sin agenda laboral.

El derecho a la **desconexión digital** es, en esencia, el derecho de cualquier trabajador a no responder correos, mensajes ni llamadas de trabajo fuera de su horario laboral. Dicho de otro modo: una vez cumplida su jornada, el empleado no está obligado a atender comunicaciones profesionales hasta el siguiente día de trabajo. Este derecho tiene el doble objetivo de proteger la salud del empleado y garantizar la conciliación familiar y el descanso.

Desde 2018, la normativa española reconoce expresamente el derecho de las personas empleadas a «desconectar» y exige a todas las empresas implantar una política interna al respecto. La legislación vigente respecto al derecho a la desconexión digital la conforman, además de lo dispuesto en convenios colectivos, las siguientes normas:

■ La **Ley Orgánica 3/2018 de Protección de datos personales y garantía de los derechos digitales (LOPDGDD)** fue la primera en regular expresamente este derecho. En su artículo 88 se establece que los trabajadores (y empleados públicos) tienen derecho a la desconexión digital fuera de su tiempo de trabajo legal o convenido, con el fin de garantizar el respeto de su tiempo de descanso, permisos y vacaciones, así como de su intimidad personal y familiar.

- Artículo 20 bis del **Estatuto de los Trabajadores,** titulado «Derechos del trabajador a la intimidad en relación con el entorno digital y la desconexión».

- La **Ley 10/2021 de Trabajo a Distancia** en su artículo 18 recalca que las personas que trabajan a distancia, especialmente en teletrabajo, tienen derecho a la desconexión digital fuera de su horario.

- **Delegar y confiar**
  - Delegar tareas no es descargar trabajo, sino dar autonomía y responsabilidad.
  - Aumenta el control percibido y disminuye el estrés tanto del líder como del equipo.
  - Ofrecer acompañamiento y retroalimentación constructiva en lugar de supervisión constante.

  Ejemplo: asignar la coordinación de un proyecto a una persona con potencial y reconocer públicamente sus resultados.

- **Gestión emocional consciente**
  - Practicar técnicas personales: respiración, *mindfulness* (técnicas de atención plena) o pausas de reflexión antes de reuniones difíciles.
  - Mantener una red de apoyo (mentores, colegas o *coaching*).
  - Reforzar una cultura donde pedir ayuda no sea un signo de debilidad, sino de madurez profesional.

CASO PRÁCTICO 2.1

Alberto es director de una empresa tecnológica que acaba de firmar un contrato con un cliente internacional. El proyecto exige resultados en un plazo muy ajustado. Durante las primeras semanas, Alberto nota señales de estrés en su equipo: ojeras, silencios prolongados en las reuniones y un aumento de pequeños errores en las entregas. Él mismo comienza a sentirse irritable y con dificultad para dormir.

Al revisar la situación, identifica varias causas: una carga de trabajo excesiva, falta de control sobre los plazos impuestos por el cliente y una comunicación poco fluida entre departamentos.

¿Qué acciones pueden ser convenientes ante esta situación de estrés del equipo?

Alberto convoca una breve reunión en la que reconoce abiertamente la presión que están viviendo y comunica las decisiones que ha tomado. En primer lugar, **reorganiza las tareas,** priorizando lo esencial y posponiendo lo que no es urgente. En segundo lugar, implanta **pausas breves** obligatorias cada hora para descansar y desconectar del ordenador. Además, acuerda con la dirección **limitar las reuniones** a las mañanas y prohíbe los mensajes fuera del horario laboral.

Finalmente, habilita una pequeña sala de descanso con luz natural y música suave, donde el equipo puede relajarse unos minutos. En paralelo, empieza a practicar una **comunicación más empática,** interesándose no solo por el avance técnico, sino también por cómo se siente cada persona. En pocas semanas, Alberto aprecia una mejora clara: el ambiente es más colaborativo, los errores disminuyen y el proyecto avanza con mayor fluidez.

2.4. *Coaching*

El *coaching* constituye una herramienta esencial para el desarrollo del liderazgo y la gestión de equipos. En el ámbito organizativo, su objetivo es potenciar las capacidades personales y profesionales, mejorar el desempeño y facilitar la adaptación a entornos laborales dinámicos.

A diferencia de otras metodologías formativas, el *coaching* se basa en la reflexión y el aprendizaje activo, y ayuda a las personas a descubrir sus propios recursos para alcanzar metas concretas. En el liderazgo, favorece la comunicación, la motivación y la toma de decisiones, y promueve un estilo de dirección más participativo y orientado al desarrollo del talento.

2.4.1. Definición de *coaching*

El **coaching** es un proceso de acompañamiento profesional en el que una persona (el *coach*) ayuda a otra (el *coachee*) a desarrollar su potencial, alcanzar sus objetivos y mejorar su rendimiento, mediante preguntas, reflexión y compromiso con la acción.

A diferencia de una clase o una asesoría, el *coach* no da consejos ni soluciones, sino que facilita que la persona encuentre sus propias respuestas. Su papel es el de un facilitador del aprendizaje, no el de un experto que enseña.

> El **coaching** es un proceso que ayuda a una persona a descubrir sus fortalezas, superar obstáculos y alcanzar metas, mediante la reflexión guiada y el desarrollo personal.

En el ámbito del liderazgo, el *coaching* permite que los líderes aprendan a escuchar mejor, comunicarse con empatía y motivar a sus equipos de una manera más efectiva y humana.

Diferencia entre *coaching* y *mentoring*:

Aunque a veces se confunden, ***coaching*** y ***mentoring*** son dos procesos distintos, aunque complementarios, de desarrollo profesional.

Tabla 2.5. Comparativa entre *coaching* y *mentoring*

Aspecto	Coaching	Mentoring
Relación	Profesional y estructurada. El *coach* acompaña para que el otro encuentre sus propias respuestas.	Basada en la experiencia. El mentor orienta y aconseja desde su trayectoria.
Objetivo	Desarrollar el potencial, mejorar habilidades y alcanzar metas específicas.	Guiar y transmitir conocimientos o experiencias profesionales.
Duración	Generalmente corta o media (de 6 a 12 sesiones).	Más larga y flexible; puede durar meses o años.
Rol del acompañante	Hace preguntas, reta, escucha y refleja.	Aconseja, comparte experiencias y ofrece modelos de conducta.
Resultado esperado	Autonomía, reflexión y mejora del desempeño.	Aprendizaje basado en la experiencia de otro.

Ejemplo:

■ Un **coach** ayuda a un líder a gestionar mejor el estrés y las emociones en el trabajo.

■ Un **mentor** enseña a un líder cómo ha afrontado él esas mismas situaciones, compartiendo su experiencia.

2.4.2. El liderazgo basado en el *coaching*

Cada vez más empresas promueven el modelo de *líder-coach:* un tipo de liderazgo que combina dirección con acompañamiento.

El líder que aplica el *coaching* no se limita a dar órdenes o controlar resultados, sino que ayuda a las personas de su equipo a crecer, aprender y asumir responsabilidad.

Beneficios del liderazgo con enfoque de *coaching*:

■ Mejora la motivación y la implicación del equipo.

■ Fomenta la comunicación abierta y la confianza.

■ Aumenta la creatividad y la autonomía de los trabajadores.

■ Reduce el estrés y mejora el clima laboral.

2.4.3. El proceso o ciclo de *coaching*

Un proceso de *coaching* suele seguir varias etapas. Las desarrollamos en la Tabla 2.6.

Tabla 2.6. Etapas del proceso de *coaching*

Etapa	Descripción	Ejemplo
1. Establecer objetivos	El *coach* y el *coachee* acuerdan qué se pretende lograr.	«Quiero mejorar mi forma de comunicarme con mi equipo».
2. Explorar la situación actual	Se analizan hábitos, creencias y comportamientos actuales.	«A menudo interrumpo a los demás en las reuniones».
3. Generar opciones	Se buscan nuevas formas de actuar o pensar.	«Puedo practicar la escucha activa y resumir antes de responder».
4. Compromiso y acción	Se eligen las acciones concretas que se van a realizar.	«Durante la próxima reunión, tomaré notas sin interrumpir».
5. Seguimiento y evaluación	Se revisan los progresos y aprendizajes.	«He notado más participación del equipo».

Figura 2.4. Modelo resumido de las etapas del proceso de *coaching*.

Este proceso se inspira en el modelo **GROW** *(Goal, Reality, Options, Will)*, muy utilizado por su sencillez y eficacia. El modelo GROW es un acrónimo que representa cuatro etapas esenciales del *coaching: Goal* (meta), *Reality* (realidad), *Options* (opciones) y *Will* (voluntad). A través de estas cuatro fases, el *coach* ayuda al *coachee* a establecer metas claras, analizar su situación actual, explorar diversas opciones y, finalmente, crear un plan de acción efectivo que les permita lograr sus objetivos.

- *Goal* **(meta):** es la fase en la que se establece el objetivo que se pretende alcanzar. Es importante que las metas sean específicas, medibles, alcanzables y alineadas con los valores del *coachee*.

- *Reality* **(realidad):** en esta fase, se realiza un análisis de la situación actual. El *coachee* debe evaluar los recursos disponibles, los obstáculos que podría encontrar y sus propias fortalezas y debilidades.

- *Options* **(opciones):** el *coachee* explora diferentes alternativas que podrían ayudarlo a alcanzar su meta.

- *Will* **(voluntad):** en esta fase, se establecen los pasos concretos que deben seguirse y se crea un plan de acción.

ACTIVIDADES FINALES

DE EVALUACIÓN

2.1. ¿Qué diferencia principal existe entre la inteligencia emocional y la inteligencia social?

   a. La inteligencia emocional se centra en el yo, y la social en el nosotros.

   b. La inteligencia social se basa en el autoconocimiento.

   c. La inteligencia emocional se relaciona solo con la comunicación.

2.2. Según Daniel Goleman, la inteligencia emocional incluye:

   a. Empatía, motivación y liderazgo.

   b. Autoconciencia, autorregulación, motivación, empatía y habilidades sociales.

   c. Comunicación, reflexión y autoestima.

2.3. Una persona con alta inteligencia emocional en el trabajo:

   a. Evita involucrarse emocionalmente con los demás.

   b. Entiende mejor las necesidades y conductas ajenas.

   c. Se centra únicamente en los resultados.

2.4. ¿Cuál de los siguientes aspectos pertenece a la inteligencia social?

   a. Control de impulsos.

   b. Conciencia social.

   c. Autoconfianza.

2.5. La autoestima puede definirse como:

   a. La valoración subjetiva que una persona tiene de sí misma.

   b. La comparación constante con los demás.

   c. La percepción que otros tienen sobre nuestro trabajo.

2.6. ¿Qué relación existe entre autoconcepto y autoestima?

   a. Son conceptos independientes.

   b. El autoconcepto solo influye en el ámbito laboral.

   c. El autoconcepto negativo genera baja autoestima.

2.7. ¿Cuál es el primer peldaño de la pirámide de la autoestima?

   a. Autoevaluación.

   b. Autoconocimiento.

   c. Autoaceptación.

ACTIVIDADES FINALES

2.8. **¿Cuál es una causa común de estrés en el liderazgo?**

a. Exceso de tiempo para cumplir tareas.

b. Falta de control sobre decisiones que afectan al equipo.

c. Ausencia de cambios en la organización.

2.9. **¿Qué señal de estrés pertenece al tipo emocional?**

a. Irritabilidad y ansiedad.

b. Falta de concentración.

c. Dolores musculares.

2.10. **¿Cuál es una característica del modelo GROW en el *coaching*?**

a. El *coach* da soluciones directas al *coachee*.

b. Se centra en establecer metas claras y un plan de acción.

c. Es un proceso de larga duración sin objetivos específicos.

DE APLICACIÓN

2.11. Relaciona cada componente de la inteligencia emocional (columna A) con su definición (columna B).

Columna A	Columna B
1. Autoconciencia	a) Controlar impulsos y emociones negativas.
2. Autorregulación	b) Comprender los sentimientos ajenos.
3. Empatía	c) Saber qué sentimos y por qué.

2.12. ¿Qué es la pirámide de la autoestima? Explica en una frase.

2.13. Relaciona cada causa de estrés en el liderazgo (columna A) con su ejemplo (columna B).

Columna A	Columna B
1. Carga de trabajo	a) Aplicar políticas no compartidas.
2. Falta de control	b) Dirigir proyectos con interrupciones constantes.
3. Cambios constantes	c) Reestructuraciones que generan incertidumbre.

2.14. Completa la frase: «En el ámbito laboral, la autoestima se mide según lo que una persona cree que hace y...».

2.15. Describe en una frase cómo usarías la empatía para mediar en un conflicto entre dos compañeros en una reunión.

ACTIVIDADES FINALES

2.16. Completa los espacios en blanco: «Una acción para controlar el _____(1)_____es promover microdescansos de__(2)__ minutos por hora para _____(3)_____».

2.17. Explica qué se hace en la etapa Will del modelo GROW.

2.18. Imagina que eres una persona líder. Propón en una frase una acción para fomentar la desconexión digital en tu equipo.

2.19. Describe en una frase una iniciativa para crear un ambiente de recuperación en el trabajo.

2.20. Relaciona cada tipo de señal de estrés (columna A) con una manifestación (columna B).

Columna A	Columna B
1. Emocional	a) Dolores musculares.
2. Física	b) Irritabilidad o ansiedad.
3. Cognitiva	c) Falta de concentración.

3

Técnicas de motivación. Trabajo en equipo

Objetivos

- Analizar los factores que motivan a las personas y cómo influyen en el desempeño.

- Aplicar técnicas de trabajo en equipo que fomenten la colaboración y la eficiencia.

- Desarrollar competencias para dirigir equipos y coordinar tareas hacia objetivos comunes.

- Evaluar distintos enfoques de toma de decisiones para seleccionar la mejor opción en cada situación.

Contenido

El éxito de cualquier organización depende en gran medida de la capacidad de sus líderes para gestionar personas y equipos de manera efectiva. Comprender los factores que impulsan la motivación, fomentar un trabajo en equipo sólido, dirigir con claridad y tomar decisiones acertadas son competencias fundamentales para lograr resultados sostenibles. Cada uno de estos aspectos está interrelacionado y contribuye al desarrollo de un liderazgo eficiente y consciente.

3.1. La motivación

La motivación es una especie de motor invisible que impulsa a las personas a actuar, a perseguir objetivos y a superar obstáculos. En el contexto del liderazgo, se entiende como **el proceso que activa, dirige y sostiene el esfuerzo de un individuo o un equipo hacia la consecución de metas específicas.**

En el ámbito laboral, la motivación influye directamente en la productividad, la satisfacción y el compromiso de los empleados. Un líder capaz de comprender y estimular la motivación logra equipos más comprometidos y resultados más consistentes.

3.1.1. Características de la motivación

La motivación es un concepto dinámico que se manifiesta de formas diversas y complejas. Sus principales características son:

- **Individualidad:** cada persona encuentra motivación en elementos distintos. Para algunos, el reconocimiento público es clave, para otros, el crecimiento personal o la estabilidad económica pesan más. Un líder efectivo reconoce estas diferencias y adapta sus estrategias.

- **Dinamismo:** la motivación fluctúa con el tiempo. Un empleado entusiasmado hoy puede sentirse desmotivado mañana si las circunstancias cambian.

- **Multidimensionalidad:** combina factores intrínsecos (como el deseo de superación personal) y extrínsecos (como incentivos económicos o ascensos). Un equilibrio entre ambos tipos maximiza el impacto.

- **Orientación a metas:** la motivación siempre apunta a un objetivo, ya sea completar un proyecto, alcanzar un ascenso o simplemente disfrutar del proceso creativo.

- **Conexión emocional:** está profundamente ligada a las emociones. Un entorno de trabajo que fomenta confianza y seguridad impulsa la motivación, mientras que el miedo o la incertidumbre la debilitan.

3.1.2. Tipos de motivación

Para comprender cómo funciona la motivación, es preciso distinguir entre sus dos grandes categorías: motivación intrínseca y motivación extrínseca.

- **Motivación intrínseca:** surge del interior de la persona. Se alimenta de la satisfacción personal, el sentido de logro o la pasión por una tarea.

  Ejemplo: un diseñador gráfico que pasa horas perfeccionando un proyecto porque le entusiasma crear algo bello experimenta motivación intrínseca.

- **Motivación extrínseca:** proviene de estímulos externos, como recompensas económicas, reconocimientos o promociones. Un vendedor que se esfuerza por alcanzar una bonificación al final del trimestre responde a este tipo de motivación.

Un líder hábil procura combinar los dos tipos de motivación.

Ejemplo: ofrecer un bono (extrínseco) por un proyecto innovador puede reforzar la satisfacción personal (intrínseco) de crear algo valioso.

Tabla 3.1. Cuadro comparativo de los dos tipos de motivación

Aspecto	Motivación intrínseca	Motivación extrínseca
Definición	Impulso interno que lleva a realizar una tarea por interés, satisfacción o crecimiento personal.	Impulso externo que lleva a actuar para obtener recompensas o evitar castigos.
Origen	Surge de factores internos del individuo (valores, metas personales, curiosidad).	Proviene de estímulos externos (dinero, premios, reconocimiento, estatus).
Ejemplo	Un empleado que busca mejorar sus habilidades porque disfruta aprendiendo.	Un trabajador que se esfuerza para recibir un bono o ascenso.
Duración	Más duradera, porque depende del interés y la satisfacción personal.	Suele ser temporal, mientras se mantenga la recompensa o el incentivo.
Efecto en el desempeño	Favorece la creatividad, la autonomía y el compromiso genuino.	Incrementa la productividad a corto plazo, pero puede disminuir la motivación si desaparecen los incentivos.
Rol del líder	Fomentar el sentido de propósito, la participación y el desarrollo personal.	Diseñar sistemas de recompensas y reconocimiento justos y transparentes.

3.1.3. Factores que influyen en la motivación

Varios elementos determinan el grado de motivación en un equipo. Entre los más relevantes desarrollamos los siguientes:

- **Reconocimiento:** las personas se sienten valoradas cuando su esfuerzo recibe atención. Un simple «buen trabajo» en el momento adecuado puede marcar la diferencia.

- **Autonomía:** la libertad para tomar decisiones fomenta la sensación de control y responsabilidad, lo que eleva el compromiso.

- **Propósito:** los empleados que entienden cómo su trabajo contribuye al objetivo mayor de la organización tienden a mostrarse más motivados.

- **Desarrollo personal:** oportunidades de aprendizaje, como capacitaciones o nuevos retos, alimentan la motivación intrínseca.

- **Ambiente laboral:** un entorno positivo, colaborativo y respetuoso refuerza la disposición de los empleados a dar lo mejor de sí mismos.

CASO PRÁCTICO 3.1

María, una diseñadora gráfica, inicia un proyecto con gran entusiasmo porque le apasiona crear conceptos visuales. Sin embargo, tras varias revisiones exigentes de su jefe y plazos ajustados, su motivación decae. Su responsable lo nota y le ofrece un día libre adicional si entrega a tiempo. Esto reaviva su energía, pero solo temporalmente.

¿Qué tipos y características de motivación se observan en este planteamiento?

Tipo de motivación intrínseca: a María le apasiona crear conceptos visuales.

Tipo de motivación extrínseca: su responsable le ofrece un día libre adicional.

Característica: dinamismo, por el cambio constante en su grado de motivación, que varía según las circunstancias y los estímulos.

3.2. Trabajo en equipo

El **trabajo en equipo** es una capacidad necesaria para que todos los miembros de un proyecto consigan un objetivo común. Se trata de una de las características más demandadas por las empresas hoy en día, así como de una habilidad necesaria para facilitar el cumplimiento de objetivos en cualquier ámbito de nuestra vida.

Es muy habitual que en una entrevista de trabajo pregunten a los candidatos sobre su predisposición a trabajar en equipo, así como que esta sea una de las habilidades más valoradas en el mercado laboral. Y es que el trabajo en equipo cuenta con multitud de beneficios, entre los que destacamos los siguientes:

- Mejores resultados que cuando se trabaja individualmente.
- Potenciación de la integración de las personas como parte de un equipo.
- Desarrollo de las habilidades sociales.
- Aumenta la motivación de los empleados.
- Se multiplica el sentimiento de pertenencia y la equidad.
- Aceleración de la consecución de objetivos comunes.

3.2.1. Definición de grupos y equipos de trabajo

Un grupo es un conjunto de personas que coordinan sus esfuerzos, mientras que un equipo es un grupo de personas que comparten un objetivo común. Aunque ambos conceptos son similares, existen algunas diferencias en lo que respecta a la toma de decisiones y al trabajo en equipo.

Grupo	Equipo
Objetivos individuales	Objetivos compartidos
Responsabilidad individual	Responsabilidad individual y mutua
Éxito o fracaso individual	Éxito o fracaso colectivo

En un grupo de trabajo, los miembros son independientes entre sí y tienen responsabilidades individuales. En un equipo en cambio, la responsabilidad es compartida y se trabaja en estrecha colaboración para resolver los problemas que surjan.

GRUPO DE TRABAJO

Un grupo está formado por varias personas que trabajan juntas. Cada persona tiene objetivos individuales que el grupo trabaja colectivamente. Los grupos trabajan por objetivos separados, pero también comparten un interés o identidad común que los unen.

Si bien los grupos fomentan el trabajo individual y el desarrollo profesional, no ofrecen todas las ventajas del trabajo en equipo. Por ejemplo, la falta de conexión entre el trabajo y los objetivos y la falta de espíritu de equipo. En cambio, ofrece ventajas como el crecimiento individual. Veamos las más representativas:

Ventajas del trabajo en grupo:

- Los grupos construyen **relaciones temporales:** dado que los miembros trabajan en paralelo, como, por ejemplo, en proyectos externos a corto plazo o en consultorías internas temporales, se construyen relaciones de trabajo temporales.

- Los grupos suelen ser muy eficientes: a diferencia de los equipos que trabajan para crear una eficiencia para el objetivo común, los grupos se centran en la eficiencia individual. Esto permite mejorar la eficacia del trabajo individual.

- Los grupos fomentan el **crecimiento individual:** dado que los grupos apoyan el trabajo individual, también se centran en el desarrollo individual.

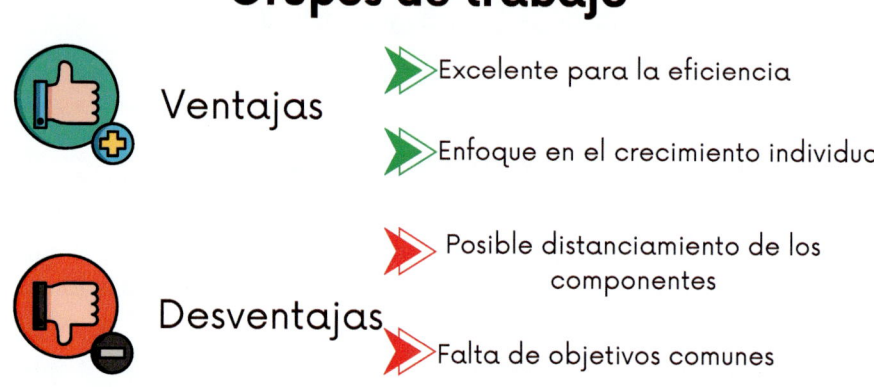

Figura 3.1. Ventajas y desventajas del trabajo en grupo.

Desventajas del trabajo en grupo:

- Los grupos pueden **aislar a las personas:** dado que los grupos trabajan individualmente, se suele dedicar menos tiempo al fortalecimiento del espíritu del equipo.

- Los grupos no contribuyen a los objetivos de la empresa: la falta de trabajo en equipo puede crear una brecha en la claridad de la organización. Esto hace que sea complicado conectar el trabajo con las metas y objetivos corporativos.

EQUIPOS DE TRABAJO

Un equipo es un grupo de personas que trabajan juntas para lograr un propósito u objetivo compartido. Cada equipo es la suma de sus partes individuales, lo que significa que los miembros del equipo deben apoyarse unos a otros para poder lograr el resultado deseado.

Muchas empresas eligen el trabajo en equipo, ya que prefieren los beneficios de este tipo de colaboración, que incluyen una mayor productividad y una resolución de problemas más rápida. Trabajar en un entorno de equipo tiene muchas ventajas que se derivan de trabajar para lograr los mismos objetivos y apoyar a todos los miembros en una experiencia compartida. No obstante, también cuenta con desventajas, sobre todo las que se derivan del menor crecimiento individual. Veamos alguna de ellas.

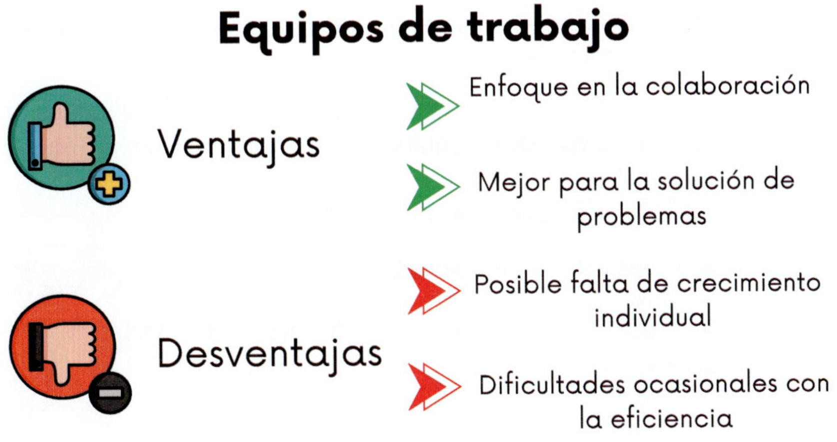

Equipos de trabajo

Ventajas

Enfoque en la colaboración

Mejor para la solución de problemas

Desventajas

Posible falta de crecimiento individual

Dificultades ocasionales con la eficiencia

Figura 3.2. Ventajas y desventajas del trabajo en equipo.

Ventajas del trabajo en equipo:

■ Los equipos se basan en la colaboración y la sinergia: el trabajo en equipo puede promover la colaboración y la sinergia, lo que ayuda a respaldar el objetivo general y a mejorar la comunicación.

■ Los equipos promueven la productividad del grupo: en tanto los grupos promueven la eficiencia, los equipos son más beneficiosos en lo que respecta a la productividad. El trabajo en equipo promueve la resolución de problemas generales, lo que hace que la labor resulte más productiva.

■ Los equipos son más efectivos en cuanto a la resolución de problemas: debido al intercambio de ideas, el trabajo en equipo puede ayudar a resolver problemas de manera más rápida y efectiva.

Desventajas del trabajo en equipo:

■ Los equipos no siempre se centran en el desarrollo individual de sus miembros: los resultados se centran más en el bien común que en lo que es mejor para cada individuo.

■ Los equipos pueden tener problemas con la eficiencia: los equipos tienen la ventaja de ser más productivos en general, aunque es necesario implementar procesos ágiles. En caso contrario, se pueden presentar problemas de eficiencia como incumplimiento con los plazos.

3.2.2. Habilidades del trabajo en equipo

El concepto trabajo en equipo como competencia en el entorno laboral se refiere a la **capacidad necesaria para que todos los miembros de un proyecto consigan un objetivo**

común. Se trata de una de las características más demandadas por las empresas hoy en día, así como de una habilidad necesaria para facilitar el cumplimiento de objetivos en cualquier ámbito de nuestra vida.

Las competencias son un conjunto integrado de habilidades. Las habilidades más destacadas en la competencia de trabajo en equipo son las mostradas en la Tabla 3.2.

Tabla 3.2. Habilidades necesarias en el trabajo en equipo

Empatía	Capacidad resolutiva	Comunicación efectiva	Flexibilidad	Motivación
Liderazgo	Escucha activa	Capacidad organizativa	Responsabilidad	Enfoque a objetivos

3.2.3. Errores frecuentes en los equipos de trabajos

En los equipos de trabajo, ciertos errores pueden afectar la productividad y la colaboración. A continuación, detallamos los más comunes:

- **Falta de comunicación clara:** los objetivos no están bien definidos o no se comparten de forma efectiva, lo que genera confusión sobre las tareas y responsabilidades.

  Ejemplo: un equipo no sabe quién debe entregar un informe porque no se asignó esa tarea a ninguna persona.

- **Mala gestión del tiempo:** no establecer prioridades o plazos realistas conduce a retrasos y estrés.

  Ejemplo: proyectos que se acumulan porque el equipo subestima el tiempo necesario para completarlos.

- **Falta de confianza o cohesión:** las personas que integran el equipo no confían entre sí, lo que puede generar conflictos, competencia interna o falta de colaboración.

  Ejemplo: un integrante no comparte información clave por temor a perder reconocimiento.

- **Desalineación de objetivos:** cada persona del equipo trabaja hacia metas individuales en lugar de un objetivo común.

  Ejemplo: un departamento de *marketing* se enfoca en redes sociales mientras otro prioriza publicidad tradicional, sin coordinación.

- **Resistencia al cambio:** los equipos pueden ser reacios a adoptar nuevas herramientas, procesos o ideas, lo que limita la innovación.

  Ejemplo: rechazo a implementar *software* de gestión porque «siempre se ha hecho de otra forma».

- **Falta de liderazgo efectivo:** un líder que no motiva, no delega adecuadamente o no resuelve conflictos puede desestabilizar al equipo.

  Ejemplo: un jefe de departamento que gestiona directamente responsabilidades de sus subordinados causa frustración y baja autonomía.

- **Distribución desigual del trabajo:** si existen algunos miembros sobrecargados de trabajo mientras que otros tienen poca carga, se genera resentimiento.

  Ejemplo: un solo integrante termina asumiendo las tareas de corrección porque otros no cumplen.

- **Falta de retroalimentación constructiva:** sin una retroalimentación clara, los errores persisten y el desempeño no mejora.

  Ejemplo: un empleado repite un error en los informes porque nadie le indica cómo corregirlo.

- **Ausencia de reconocimiento:** la falta de valoración del esfuerzo del equipo desmotiva y reduce la productividad.

  Ejemplo: un proyecto exitoso pasa desapercibido porque el líder no celebra los logros.

3.2.4. Características de las personas componentes de un equipo de trabajo

Para que un componente de un equipo de trabajo contribuya de manera efectiva al éxito del grupo debe cumplir una serie de características. Las detallamos en la Tabla 3.3.

Tabla 3.3. Características de las personas componentes de un grupo de trabajo

Característica	Descripción	Ejemplo
Comunicación efectiva	Capacidad de expresar ideas claramente, escuchar activamente y dar retroalimentación constructiva.	Redacta correos claros con instrucciones precisas y confirma que entendió las tareas asignadas.
Colaboración	Disposición para trabajar con otros, compartir recursos y apoyar al equipo.	Ayuda a un compañero a terminar una tarea urgente, incluso si no es su responsabilidad directa.
Responsabilidad	Cumplir con las tareas asignadas a tiempo y asumir las consecuencias de los errores.	Entrega un informe antes del plazo y corrige un error propio sin culpar a otros.
Adaptabilidad	Flexibilidad para ajustarse a cambios en procesos, prioridades o entornos.	Aprende a usar una nueva herramienta de gestión de proyectos cuando el equipo la adopta.

Característica	Descripción	Ejemplo
Proactividad	Tomar la iniciativa para resolver problemas o proponer mejoras sin esperar órdenes.	Sugiere una nueva estrategia para optimizar reuniones antes de que se lo pidan.
Empatía	Comprender y respetar las perspectivas, emociones y necesidades de los compañeros.	Escucha activamente a un colega frustrado y ofrece apoyo para resolver un conflicto.
Orientación al equipo	Priorizar los objetivos del grupo sobre los intereses individuales.	Acepta un rol secundario en un proyecto para que el equipo logre el objetivo común.
Resolución de problemas	Capacidad para analizar situaciones, identificar soluciones y tomar decisiones.	Propone una alternativa viable cuando un proyecto se retrasa por falta de recursos.
Gestión del tiempo	Organizar tareas de manera eficiente para cumplir plazos sin comprometer calidad.	Planifica su semana usando una agenda para equilibrar varias responsabilidades.
Actitud positiva	Mantener una mentalidad constructiva y motivadora, incluso en situaciones difíciles.	Anima al equipo durante un proyecto estresante destacando los avances logrados.

3.2.5. Roles en un equipo de trabajo

El trabajo en equipo está íntimamente vinculado con la organización y la colaboración. Para que los equipos sean lo más productivos posible, cada persona integrante debe cumplir un rol específico acorde a sus fortalezas.

El método más empleado para asignar los distintos roles en un equipo es el conocido como método Belbin. Consiste en una metodología científica utilizada para formar equipos y reconocer y aprovechar las fortalezas de cada componente. Según este método, se identifican nueve grupos de comportamientos distintivos que las personas muestran en el entorno laboral, conocidos como los **9 roles de equipo Belbin.**

- **Implementador:** son los miembros del equipo que tienden a la acción y mantienen el orden en sus ambientes de trabajo. Son prácticos y capaces de respaldar con confianza a otros compañeros.

- **Impulsor:** son los miembros del equipo que hacen que el grupo avance. Son personas de acción, se motivan solos y también motivan a otros pese a cualquier inconveniente que pueda surgir.

- **Ejecutor:** se encargan de llevar a cabo las tareas asignadas de manera eficiente.

- **Monitor evaluador:** evalúan las ideas para determinar si son útiles y viables, después toman las medidas necesarias para hacer que esas ideas avancen.

- **Creativo:** aportan ideas innovadoras y soluciones originales.

- **Especialista:** aportan conocimientos técnicos específicos para resolver problemas complejos. Conocen en profundidad su campo de acción y prefieren contribuir en un área de especialización específica.

- **Investigador:** buscan información y analizan tendencias para mejorar el desempeño del equipo.

- **Motivador:** fomentan el entusiasmo y la cohesión del equipo.

- **Coordinador:** organizan tareas y aseguran que todos trabajen en armonía.

Figura 3.3. Roles de equipo Belbin.

3.2.6. Características de los miembros de un equipo de trabajo

Para ser un miembro efectivo de un equipo de trabajo, es fundamental desarrollar habilidades que favorezcan la colaboración y el desempeño grupal. Para conseguirlo, estas son las pautas principales:

- **Compromiso con los objetivos del equipo**

  Comprender la misión y las metas del grupo permite contribuir con ideas y soluciones alineadas con los objetivos establecidos.

- **Comunicación efectiva**

  Transmitir ideas con claridad y practicar la escucha activa facilita la interacción y evita malentendidos.

■ **Colaboración y trabajo en equipo**

Fomentar un ambiente positivo y compartir conocimientos fortalece la dinámica grupal.

■ **Responsabilidad y proactividad**

Cumplir con las tareas asignadas y tomar iniciativa en la resolución de problemas mejora la eficiencia del equipo.

■ **Adaptabilidad y resolución de conflictos**

Mostrar flexibilidad ante cambios y gestionar desacuerdos de manera constructiva contribuye a la estabilidad del grupo.

3.2.7. Responsabilidad en los equipos de trabajo

La responsabilidad dentro de un equipo de trabajo implica asumir compromisos individuales que contribuyen al éxito colectivo. Cada miembro tiene un rol específico y debe cumplir con sus tareas de manera eficiente para garantizar el buen funcionamiento del equipo.

La **responsabilidad** es la capacidad de una persona para asumir y cumplir con sus deberes, compromisos y obligaciones de manera consciente y ética. Implica ser consecuente con las propias acciones, decisiones y sus consecuencias, sobre todo como componente de un equipo.

La **responsabilidad** como competencia laboral se desglosa en varios elementos clave que permiten su aplicación efectiva en el entorno profesional. A continuación, se describen estos elementos:

1. **Cumplimiento de normas y procedimientos:**

   Implica seguir las reglas, políticas y estándares establecidos por la organización o el sector.

   Ejemplo: Mario, contable en su empresa, se asegura de que todos los informes financieros cumplan con las normativas legales y fiscales.

2. **Asunción de la responsabilidad por las acciones propias:**

   Significa reconocer y aceptar las consecuencias de las decisiones y acciones tomadas en el ámbito laboral.

   Ejemplo: Aurora, gerente de proyectos en su empresa, asume la responsabilidad de un retraso en la entrega y propone un plan para recuperar el tiempo perdido.

3. **Compromiso con la calidad del trabajo:**

   Refleja la dedicación para realizar tareas con altos estándares de calidad y precisión.

   Ejemplo: Arturo, que es diseñador gráfico, revisa minuciosamente su trabajo antes de entregarlo para asegurarse de que no haya errores.

4. **Puntualidad y gestión del tiempo:**

   Implica cumplir con los plazos establecidos y organizar el tiempo de manera eficiente.

   Ejemplo: Pedro, analista de datos, entrega informes semanales antes de la fecha límite.

5. **Toma de decisiones éticas:**

   Consiste en actuar con integridad y considerar el impacto de las decisiones en la organización, los colegas y la sociedad.

   Ejemplo: Benjamín, responsable de ventas, rechaza una oferta comercial porque implica prácticas poco éticas.

6. **Proactividad y autonomía:**

   Se refiere a la capacidad de anticiparse a problemas, tomar la iniciativa y trabajar de manera independiente.

   Ejemplo: Silvia, empleada de logística, identifica un posible retraso en el suministro y toma medidas para evitarlo.

7. **Colaboración y apoyo al equipo:**

   Implica asumir responsabilidades dentro de un equipo y apoyar a los compañeros para alcanzar objetivos comunes.

   Ejemplo: Esther, empleada de almacén, ayuda a un colega a colocar un pedido al finalizar con su parte de la tarea.

8. **Rendición de cuentas:**

   Consiste en ser transparente y responder por los resultados de las acciones propias, tanto positivos como negativos.

   Ejemplo: Francisco, director de ventas, presenta un informe detallado sobre el cumplimiento de los objetivos trimestrales.

9. **Adaptabilidad y resolución de problemas:**

   Implica ser flexible y capaz de enfrentar desafíos o cambios inesperados de manera efectiva.

   Ejemplo: Alba, modista, encuentra una solución alternativa cuando un proveedor no entrega las telas a tiempo.

10. **Cumplimiento de objetivos y metas:**

    Se refiere a la capacidad de alcanzar los resultados esperados, y que se corresponden con los objetivos de la organización.

    Ejemplo: Rafael, comercial en una editorial, supera su cuota mensual de ventas gracias a su esfuerzo y planificación.

3.3. Dirección de equipos

La dirección de equipos es una de las funciones estratégicas del liderazgo organizacional. No se trata solo de coordinar tareas, sino de crear las condiciones para que un equipo de personas trabaje con propósito, motivación y eficacia.

> La **dirección de equipos** consiste en guiar, coordinar y orientar a un grupo de personas hacia la consecución de objetivos comunes.

3.3.1 Funciones del líder en la dirección de equipos

Las funciones del líder en la dirección de equipos son esenciales para orientar el esfuerzo colectivo hacia la consecución de los objetivos comunes. A través de ellas, el líder logra coordinar, motivar y guiar al grupo, y fomenta un entorno de trabajo equilibrado, eficiente y orientado a resultados. Son las siguientes:

1. **Establecer objetivos claros.** Las metas deben ser específicas, alcanzables y compartidas por todos los miembros del grupo.

2. **Organizar y asignar responsabilidades.** Un reparto justo y equilibrado de las tareas contribuye al compromiso colectivo.

3. **Comunicar con eficacia.** Escuchar activamente, dar instrucciones precisas y mantener la transparencia fortalece la confianza.

4. **Motivar y acompañar.** La motivación no surge de manera espontánea; el líder debe crear entornos donde cada persona sienta que su trabajo tiene sentido.

5. **Resolver conflictos.** Los desacuerdos son inevitables, pero su gestión adecuada permite aprender y fortalecer las relaciones internas.

6. **Evaluar el desempeño.** Revisar los avances de forma periódica y constructiva ayuda a mantener la dirección y mejorar los procesos.

3.3.2. Habilidades en la dirección de equipos

Las personas líderes deben dominar un conjunto de habilidades que les permitan guiar con claridad, empatía y eficacia. Las desarrollamos en la Tabla 3.4.

Tabla 3.4. Habilidades en la dirección de equipos

Habilidad	Descripción
Comunicación clara	Transmitir ideas, expectativas y *feedback* de forma efectiva.
Empatía	Comprender las emociones y necesidades del equipo.

Habilidad	Descripción
Delegación estratégica	Asignar tareas según fortalezas individuales.
Motivación	Inspirar y mantener el compromiso del equipo.
Resolución de conflictos	Mediar desacuerdos y fomentar el entendimiento mutuo.
Visión compartida	Establecer metas claras y alineadas con los valores del equipo.
Adaptabilidad	Ajustarse a cambios y contextos diversos sin perder eficacia.
Escucha activa	Prestar atención genuina a las ideas y preocupaciones del equipo.
Gestión del tiempo	Organizar tareas y prioridades para cumplir plazos.
Reconocimiento	Valorar públicamente los logros individuales y colectivos.

Ejemplo: en una empresa de *marketing* digital, el equipo creativo está desmotivado tras varios rechazos de clientes. La directora, Sofía, decide intervenir y realiza las siguientes acciones:

— Reúne al equipo para escuchar sus inquietudes (escucha activa).

— Reestructura los roles según fortalezas individuales (delegación estratégica).

— Propone una nueva campaña con metas claras y realistas (visión compartida).

— Celebra los pequeños logros en reuniones semanales (reconocimiento).

De este modo, y gracias a las habilidades puestas en práctica por Sofía, el equipo recupera la motivación, mejora la colaboración y logra presentar una campaña exitosa que es aprobada sin cambios.

3.3.3. Estilos de dirección

Los estilos de dirección o estilos de liderazgo reflejan la forma en que un líder se relaciona con su equipo y toma decisiones. Conocerlos permite adaptar la manera de dirigir según las necesidades del grupo y las circunstancias del entorno.

En el Apartado 1.2. estudiamos con anterioridad los distintos estilos de liderazgo que pueden adoptarse según las circunstancias y las personas componentes de los equipos. A continuación, ofrecemos un resumen de los estilos más utilizados en la práctica empresarial actual.

■ **Autoritario.** El líder toma las decisiones y controla el trabajo sin apenas participación del equipo. Es eficaz en situaciones de urgencia, pero puede limitar la creatividad.

- **Democrático.** Promueve la participación y valora las opiniones de todos. Favorece el compromiso y la cohesión.

- **Liberal o *laissez-faire*.** Otorga autonomía total a los miembros del equipo. Es útil con profesionales altamente competentes y responsables.

- **Transformacional.** Inspira y motiva al grupo a través de la visión, el ejemplo y el desarrollo personal. Es el estilo más valorado en entornos de cambio.

3.4. La toma de decisiones

Uno de los principales cometidos de la persona que lidera un grupo de trabajo es tomar decisiones que afectarán al funcionamiento del grupo. Con independencia de su contenido, la forma en la que la persona que asume la dirección adopta cada decisión conformará un estilo de liderazgo que influirá en el rendimiento y el funcionamiento del grupo.

La toma de decisiones consiste en **elegir una opción de entre varias posibilidades para resolver una situación.**

El momento de la toma de decisiones es muy importante en la gestión de un equipo de trabajo, y puede dar lugar a una alteración de su dinámica interna: cuando el equipo debe tomar una decisión, puede poner en tela de juicio el equilibrio alcanzado previamente, y provocar una crisis, pero también puede representar la ocasión en que los componentes individuales llevan a cabo expulsiones dinámicas o la integración de otros.

Cuando el equipo toma una decisión, los componentes individuales centran su atención en los aspectos objetivos del problema y sobre los aspectos estructurales del grupo.

La toma de decisiones en el ámbito laboral es un proceso clave que influye en la eficiencia, productividad y éxito de una organización. Se pueden clasificar en decisiones fáciles y decisiones difíciles, según sea la complejidad y el impacto que tengan.

DECISIONES FÁCILES

Son aquellas que tienen opciones claras y consecuencias predecibles. Se basan en información concreta y requieren poco análisis.

Ejemplo: elegir entre dos proveedores con precios similares cuando uno tiene mejor reputación.

DECISIONES DIFÍCILES

Implican incertidumbre, múltiples factores y posibles riesgos. Requieren un análisis profundo y, en ocasiones, la consulta con expertos.

Ejemplo: decidir si una empresa debe expandirse a un nuevo mercado con alto potencial, pero también con riesgos financieros.

ESTRATEGIAS PARA MEJORAR LA TOMA DE DECISIONES

- Analizar cuidadosamente las opciones antes de tomar una decisión.

- Considerar los pros y los contras de cada alternativa.

- Consultar con personas de confianza o expertos en el tema.

- Evaluar los posibles resultados y consecuencias de cada decisión.

- Tomar en cuenta valores y objetivos personales al decidir.

- Evitar dejarse llevar por emociones momentáneas.

3.4.1. Proceso de la toma de decisiones

Tomar decisiones implica evaluar opciones y asumir los riesgos asociados. Por ello, para favorecer que se adopten las estrategias mencionadas anteriormente y que la decisión tomada sea mejor posible, cada decisión debe atravesar un proceso.

El proceso consta de **tres fases** articuladas en siete pasos:

- Fase de identificación: reconocimiento de oportunidades, problemas y crisis, recogida de información pertinente y determinación más clara de los problemas.

- Fase de desarrollo: se generan y modifican soluciones alternativas a los problemas.

- Fase de selección: implica elegir la opción más adecuada mediante un proceso de análisis y valoración detallada.

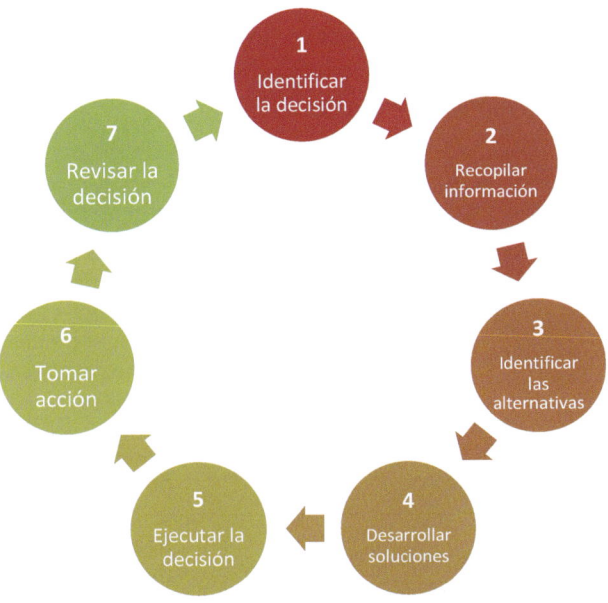

Figura 3.4. El proceso de toma de decisiones.

1. **Identificar la decisión:** el primer paso en la toma de decisiones es identificar el problema, y para tomar una decisión, es preciso identificar el problema que se quiere resolver, y conocer los factores críticos o estratégicos que lo definen.

2. **Recopilar la información relevante:** una vez identificado el problema sobre el que hay que tomar una decisión, es el momento de recoger toda la información relevante para la elección de soluciones.

3. **Identificar las alternativas:** con toda la información recopilada al alcance, se identifican las posibles soluciones al problema.

4. **Desarrollar soluciones alternativas:** el objetivo principal es tomar la mejor decisión posible entre las líneas de acción alternativas disponibles, por lo que se trata de encontrar soluciones creativas y originales.

5. **Ejecutar la decisión:** debe elegirse la solución que tenga la mayor posibilidad de alcanzar el objetivo.

6. **Tomar acción:** una vez tomada la decisión, hay que ejecutarla y desarrollar un plan para hacerla tangible y realizable.

7. **Revisar la decisión:** el último paso en el proceso de toma de decisiones es evaluar la eficacia de la decisión, ya que el seguimiento permite identificar sus deficiencias o consecuencias negativas. De este modo, se proporciona una valiosa retroalimentación sobre la que la decisión puede ser revisada o reconsiderada.

3.4.2. Utilización de recursos en la toma de decisiones

El proceso de toma de decisiones puede optimizarse si en el proceso se utilizan los propios recursos. Esto implica creatividad y análisis estratégico. Mostramos un resumen de las alternativas creadoras en la Tabla 3.5.

Tabla 3.5. Alternativas creadoras en la toma de decisiones

Estrategia	Acciones	Ejemplo
Pensamiento lateral	Explorar soluciones fuera de lo convencional.	Si un proyecto enfrenta limitaciones de presupuesto, en lugar de descartarlo, buscar colaboraciones o recursos gratuitos.
Simulación de escenarios	Imaginar diferentes resultados antes de decidir.	Evaluar cómo afectaría cada opción a corto y largo plazo.
Uso de herramientas visuales	Diagramas de flujo o mapas mentales para organizar ideas.	Realizar un esquema que muestre ventajas y desventajas de cada alternativa.

Estrategia	Acciones	Ejemplo
Aplicación del método DAFO	Analizar *Debilidades, Amenazas, Fortalezas y Oportunidades* de cada opción.	Antes de emprender, evaluar riesgos y ventajas del mercado.
Consultar con personas clave	Buscar perspectivas externas para enriquecer la decisión.	Pedir opinión a colegas o expertos en el área.

3.4.3. Adaptación a las decisiones tomadas

La capacidad de adaptación en el ámbito laboral es esencial para afrontar los cambios derivados de la toma de decisiones. En un entorno profesional dinámico, ajustarse a nuevas estrategias y procesos sin perder efectividad permite mantener un buen desempeño y contribuir al éxito del equipo.

La **flexibilidad** y la **resiliencia** juegan un papel clave en este proceso, ya que facilitan la integración de nuevas ideas y metodologías sin generar resistencia ni afectar la productividad.

Para mejorar la adaptación, es recomendable mantener una **mentalidad abierta** y aceptar que los cambios pueden traer oportunidades de crecimiento. La **capacitación** constante ayuda a estar preparado para situaciones inesperadas, mientras que el desarrollo de **habilidades de comunicación** permite expresar inquietudes y recibir retroalimentación de manera efectiva. Asumir la incertidumbre como parte del entorno profesional y enfocarse en la solución de problemas en lugar de en las dificultades contribuyen a una integración fluida dentro de las organizaciones.

ACTIVIDADES FINALES

DE EVALUACIÓN

3.1. ¿Qué papel desempeña la motivación en el liderazgo?

   a. Sirve únicamente para medir la productividad.

   b. Activa, dirige y sostiene el esfuerzo hacia metas específicas.

   c. Depende solo de las recompensas económicas.

3.2. ¿Cuál es una característica fundamental de la motivación?

   a. La uniformidad entre todos los individuos.

   b. La estabilidad permanente.

   c. La individualidad, porque cada persona se motiva por razones distintas.

3.3. ¿Cuál de los siguientes factores influye directamente en la motivación laboral?

   a. El número de empleados de la empresa.

   b. El reconocimiento del esfuerzo individual.

   c. La ubicación del puesto de trabajo.

3.4. ¿Qué diferencia principal existe entre un grupo y un equipo de trabajo?

   a. En el grupo la responsabilidad es individual; en el equipo es compartida.

   b. El grupo tiene objetivos compartidos y el equipo no.

   c. En el equipo las personas trabajan de manera independiente.

3.5. ¿Qué ventaja ofrece el trabajo en equipo frente al trabajo individual?

   a. Mayor crecimiento individual.

   b. Aislamiento entre los miembros.

   c. Mayor productividad y resolución de problemas.

3.6. ¿Cuál es una habilidad clave para trabajar eficazmente en equipo?

   a. Empatía y comunicación efectiva.

   b. Competitividad individual.

   c. Reservar la información personal.

3.7. Según el método Belbin, ¿qué rol se encarga de organizar tareas y garantizar la armonía?

   a. Coordinador.

   b. Implementador.

   c. Monitor evaluador.

ACTIVIDADES FINALES

3.8. **¿Qué estilo de dirección promueve la participación y el compromiso del grupo?**

a. Autoritario.

b. Democrático.

c. Liberal o *laissez-faire*.

3.9. **¿Cuál es el primer paso del proceso de toma de decisiones?**

a. Evaluar los resultados.

b. Recopilar información.

c. Identificar la decisión o el problema que se va a resolver.

3.10. **¿Qué actitud facilita la adaptación a las decisiones tomadas en un entorno laboral?**

a. Rechazar los cambios por inseguridad.

b. Mantener una mentalidad abierta y flexible.

c. Culpar a otros por los resultados.

DE APLICACIÓN

3.11. Completa la frase siguiente:

La motivación intrínseca surge del ___(1)___, mientras que la motivación extrínseca depende

3.12. Relaciona cada tipo de motivación con su ejemplo.

Tipo de motivación	Ejemplo
a) Intrínseca	1. Un trabajador se esfuerza para recibir un bono económico.
b) Extrínseca	2. Una persona aprende nuevas habilidades porque disfruta del reto.

3.13 ¿Por qué es importante que un líder conozca qué motiva a cada miembro de su equipo?

3.14 Completa la idea:

Un grupo se diferencia de un equipo porque en el grupo la responsabilidad es ___(1)___, mientras que en el equipo es ___(2)___.

3.15 Piensa en una experiencia real o simulada donde hayas trabajado en equipo. Indica una fortaleza y una dificultad que hayas observado.

ACTIVIDADES FINALES

3.16 Relaciona cada rol de Belbin con su descripción.

Rol	Descripción
a) Coordinador	1. Aporta ideas creativas y soluciones novedosas.
b) Implementador	2. Convierte las ideas en acciones prácticas.
c) Cerebro (creativo)	3. Organiza tareas y promueve la armonía.

3.17 Completa con la palabra adecuada.

El estilo de dirección _____ promueve la participación y la toma de decisiones compartida.

3.18 ¿Cómo influye la comunicación efectiva en el éxito de un equipo de trabajo?

3.19 Ordena los pasos del proceso de toma de decisiones:

1. Evaluar alternativas.

2. Identificar el problema.

3. Recoger información.

4. Seleccionar la mejor opción.

5. Evaluar resultados.

3.20 Un líder observa que su equipo ha perdido motivación y la productividad disminuye. ¿Qué tres acciones concretas podría aplicar para mejorar la situación?

Resolución de conflictos. Técnicas de negociación y mediación

4

Objetivos

- Identificar las causas y fases de un conflicto para elegir estrategias adecuadas de resolución.

- Aplicar técnicas de negociación que permitan alcanzar acuerdos justos y sostenibles.

- Distinguir las técnicas de mediación más adecuadas según el tipo de conflicto.

- Desarrollar habilidades de comunicación y control emocional para facilitar la negociación y la mediación.

Los conflictos forman parte natural de las relaciones humanas y, por tanto, también del ámbito laboral. Lejos de considerarse algo negativo, su análisis y adecuada resolución pueden convertirse en una oportunidad para mejorar la comunicación, fortalecer los vínculos y fomentar un clima de trabajo más colaborativo.

Comprender cómo surgen los conflictos, qué factores los alimentan y qué estrategias permiten gestionarlos de forma constructiva resulta esencial para cualquier persona que desempeñe funciones de liderazgo o trabajo en equipo.

Las técnicas de negociación se presentan como un recurso fundamental para alcanzar acuerdos que satisfagan a todas las partes involucradas. Implican escuchar activamente, buscar puntos de encuentro y mantener una actitud flexible orientada a resultados beneficiosos y sostenibles.

Por otra parte, las técnicas de mediación ofrecen un enfoque en el que una tercera persona imparcial ayuda a las partes a dialogar, comprender sus posiciones y construir soluciones conjuntas.

4.1. Análisis y resolución de conflictos

Los conflictos son una parte natural de la vida, tanto en el ámbito personal como en el laboral. Los conflictos en el lugar de trabajo ocurren porque los miembros del equipo no siempre están de acuerdo o no saben cómo trabajar juntos a pesar de sus diferencias. Estas diferencias podrían estar en la forma en que administran sus tareas, sus estilos de trabajo o personalidades.

Para que un equipo trabaje en conjunto de manera efectiva, los conflictos deben resolverse de manera oportuna y profesional que minimice la interrupción de la productividad. La capacidad de resolver conflictos de equipo es fundamental para el éxito de cualquier organización.

Los conflictos de equipo surgen cuando hay desacuerdos sobre los objetivos, métodos o necesidades del equipo. Los conflictos también pueden ocurrir cuando hay diferentes personalidades.

La resolución de conflictos es una valiosa habilidad de liderazgo. Las personas con la capacidad de reconocer conflictos, identificar las diferencias y encontrar una solución rápida y pacífica son esenciales para cualquier organización. Dejar un conflicto sin resolver puede afectar negativamente la moral y la productividad, lo que resulta en un ambiente de trabajo tenso e incómodo para todos.

La resolución de conflictos en el lugar de trabajo permite que los equipos confíen entre sí y trabajen mejor juntos para lograr sus objetivos. La resolución de conflictos permite a los miembros del equipo entenderse mejor entre sí y crear relaciones laborales más fluidas en el futuro.

Los conflictos en las organizaciones son un fenómeno que afecta a distintas dimensiones: a los propios empleados, al equipo en su conjunto, a toda la organización y a la cultura corporativa.

Según cómo y cuándo se aborden, estos además tienen **dos tipos de consecuencias:**

- **Consecuencias negativas:** los conflictos mal gestionados generan estrés, absentismo y elevan la tasa de rotación de puestos.

- **Consecuencias positivas:** si son bien gestionados, los conflictos pueden fomentar la innovación, la creatividad, el cambio y, por supuesto, impulsar las relaciones interpersonales.

  — Aumentan la motivación y el rendimiento.

  — Inducen a la innovación y al cambio.

  — Estimulan la cohesión, cooperación y unificación de objetivos.

  — Mejoran comprensión mutua y mente abierta.

  — Facilitan la toma de decisiones de mayor calidad.

  — Aumentan el compromiso.

  — Proporcionan nuevas formas de entender los problemas.

4.1.1. Conflictos en el entorno laboral

Podemos agrupar los conflictos en cuatro clases comunes en los entornos laborales:

- Conflictos basados en tareas

  Los conflictos basados en tareas ocurren en situaciones en las que los miembros del equipo dependen unos de otros para completar una tarea o proyecto. Cuando una persona del equipo no completa su parte de la tarea, puede afectar la capacidad de otro miembro del equipo para terminar su parte a tiempo.

  Ejemplo: si un empleado siempre entrega sus informes tarde, el contable también se retrasa con los suyos. Para evitar estos conflictos, hay que asegurarse de que todos los miembros del equipo sepan lo que deben hacer en su puesto para que las tareas se puedan realizar de manera eficiente y en el plazo establecido.

- Conflictos de liderazgo

  Algunos conflictos ocurren debido a diferencias en los estilos de dirección. En general, los estilos pueden ser autoritarios, consultivos o participativos y, según las organizaciones y los componentes de los equipos, pueden surgir problemas por implementar un estilo inadecuado.

■ Conflictos de estilo de trabajo

Así como existen diferencias en los estilos de liderazgo, también existen diferencias en los estilos de trabajo. Los conflictos de estilo de trabajo ocurren porque los miembros del equipo tienen diferentes preferencias sobre cómo realizar las tareas.

■ Choques de personalidad

Los choques de personalidad son algunos de los problemas más comunes en el trabajo en equipo. Estos tipos de conflictos son causados por diferencias de personalidad entre los miembros.

4.1.2. Tratamiento de conflictos

El manejo de conflictos es un proceso en el que se gestiona un desacuerdo entre varias partes con el propósito de minimizar el impacto negativo del problema, aliviar la tensión entre los involucrados y alcanzar un acuerdo satisfactorio.

Los conflictos interpersonales surgen en el ámbito laboral y en cualquier otro espacio de socialización. Dentro de la dinámica empresarial, la aparición de conflictos es una parte natural de la convivencia y, por tanto, la implementación de estrategias para resolverlos es fundamental para reducir tensiones y mejorar la colaboración en los equipos.

ESTRATEGIAS PARA AFRONTAR CONFLICTOS

■ **Escucha activa.** Prestar atención a todas las partes involucradas sin interrupciones permite comprender mejor la situación.

■ **Comunicación asertiva.** Expresar opiniones con claridad y respeto evita malentendidos y fomenta soluciones constructivas.

■ **Empatía.** Ponerse en el lugar de la otra persona ayuda a encontrar puntos en común y reducir la confrontación.

■ **Gestión emocional.** Mantener la calma y evitar respuestas impulsivas facilita la resolución del problema.

■ **Búsqueda de soluciones.** Enfocarse en encontrar acuerdos en lugar de señalar culpables mejora la dinámica del equipo.

■ **Negociación.** Llegar a compromisos que beneficien a ambas partes fortalece la relación laboral.

■ **Mediación.** En casos complejos, contar con un mediador neutral puede facilitar la resolución del conflicto.

4.1.3. Técnicas de gestión de conflictos

Gestionar los conflictos de manera eficaz es clave para mantener un ambiente laboral saludable y productivo.

Existen diversas herramientas que permiten prevenir tensiones y fortalecer la cooperación entre los miembros del equipo. Entre ellas destacan las dinámicas de *Team Building*, que fomentan la confianza y la colaboración; las reuniones *One-to-One*, que ofrecen espacios individuales para expresar preocupaciones y recibir orientación; y las encuestas de clima, que permiten identificar conflictos latentes antes de que se conviertan en problemas mayores.

El uso combinado de estas herramientas facilita la detección temprana de conflictos y promueve un entorno de trabajo más cohesionado y equilibrado. Las desarrollamos a continuación:

4.1.3.1. Dinámicas de *Team Building*

El **Team Building** consiste en un conjunto de actividades y ejercicios diseñados para mejorar la cohesión, la comunicación y el desempeño de los equipos de trabajo. Estas dinámicas pueden incluir desafíos cooperativos, juegos de resolución de problemas, actividades de construcción y ejercicios de comunicación. Todos ellos requieren que los miembros del equipo trabajen unidos para alcanzar un objetivo común, lo que fomenta la confianza, la comprensión mutua y la capacidad de resolver conflictos de manera colaborativa.

Ejemplo: un equipo de ventas realiza un ejercicio de construcción con materiales limitados, donde solo logrará completar la tarea si todos coordinan sus acciones. La actividad permite identificar roles naturales dentro del grupo y mejorar la coordinación, aspectos que luego se trasladan al trabajo diario.

4.1.3.2. Reuniones *One-to-One*

Las reuniones **One-to-One** son encuentros individuales entre la persona líder o responsable y cada colaborador o colaboradora, centrados en el trabajo y el desarrollo profesional. Estas reuniones permiten las siguientes ventajas:

- Evaluar el progreso y los logros del empleado.

- Detectar dificultades o preocupaciones.

- Proporcionar apoyo y orientación personalizada.

Estas conversaciones representan una oportunidad excelente para identificar conflictos latentes que podrían no ser visibles en el día a día. La escucha activa y la empatía del líder son fundamentales para comprender la situación y tomar medidas preventivas antes de que surjan problemas mayores.

Ejemplo: un empleado expresa durante la reunión su preocupación por la distribución de tareas en un proyecto. Gracias a esta conversación, la persona responsable puede reasignar responsabilidades y prevenir tensiones futuras en el equipo.

4.1.3.3. Encuestas de clima

Las **encuestas de clima laboral** son herramientas efectivas para evaluar la percepción de los empleados sobre el entorno de trabajo. Permiten conocer los siguientes aspectos:

- La satisfacción general del equipo.

- La calidad de la comunicación y la colaboración.

- La existencia de conflictos latentes o problemas no expresados.

Analizar los resultados de estas encuestas ayuda a identificar la naturaleza del conflicto y a diseñar intervenciones específicas que transformen un problema potencial en una oportunidad de mejora y desarrollo organizativo.

Ejemplo: una encuesta revela que varios miembros de un departamento consideran que la comunicación entre equipos es deficiente. Con esta información, la empresa organiza talleres de comunicación y define protocolos claros de intercambio de información.

En la Tabla 4.1, ofrecemos una comparativa de las tres técnicas de gestión de conflictos.

Tabla 4.1. Técnicas de gestión de conflictos

Técnica	Objetivo principal	Beneficio clave	Cuándo utilizarla
Dinámicas de *Team Building*	Mejorar la cohesión y el trabajo en equipo.	Fomenta la confianza y la cooperación.	Al inicio de proyectos o para fortalecer equipos existentes.
Reuniones *One-to-One*	Seguimiento individual y desarrollo profesional.	Detecta conflictos latentes y brinda apoyo personalizado.	Regularmente, al menos una vez al trimestre.
Encuestas de clima	Evaluar el entorno laboral y la percepción de los empleados.	Identifica problemas ocultos y permite planificar acciones preventivas.	Anualmente o tras cambios organizativos importantes.

Estas herramientas no solo ayudan a prevenir y gestionar conflictos, sino que también contribuyen al desarrollo profesional de los colaboradores y al fortalecimiento del clima organizativo. La combinación de dinámicas de equipo, reuniones individuales y encuestas proporciona una visión completa que permite actuar de forma proactiva y estratégica frente a cualquier tensión o desacuerdo.

4.2. Técnicas de negociación

La negociación empresarial constituye un **proceso en el que dos o más partes buscan alcanzar un acuerdo que satisfaga sus intereses y objetivos comerciales.** Este proceso requiere discusión, intercambio de información y toma de decisiones conjunta para lograr compromisos que resulten beneficiosos para todos los implicados.

Todas las partes implicadas en una negociación procuran cumplir sus objetivos sin renunciar a sus intereses. Para ello deben considerar cada uno de los puntos clave desarrollados en la Tabla 4.2.

Tabla 4.2. Puntos clave de una negociación

Concepto	Descripción
Intercambio de compromisos	Las partes intercambian información, recursos y concesiones con el objetivo de lograr un acuerdo equilibrado.
Ganancia mutua	A diferencia de enfoques puramente competitivos, la negociación empresarial persigue soluciones que generen valor para todos los actores.
Proceso estructurado	La negociación se desarrolla en etapas claras: preparación, discusión, propuesta, intercambio y cierre.

4.2.1. Fases de la negociación

Todo proceso de negociación sigue una secuencia estructurada de cinco etapas que facilitan la consecución de acuerdos efectivos:

1. **Preparación**

   Antes de la negociación, es esencial recopilar información, definir objetivos claros y establecer estrategias. Una buena preparación incrementa las probabilidades de éxito.

2. **Discusión**

   En esta fase, los participantes comparten información, exponen sus posiciones y comienzan a explorar alternativas. La comunicación clara y efectiva es determinante.

3. **Propuestas y señales**

   Se presentan ofertas concretas y se observa la reacción de la contraparte. Detectar señales de aceptación o rechazo permite ajustar la estrategia.

4. **Intercambio**

   Las partes realizan concesiones y buscan puntos en común. La creatividad y la flexibilidad son factores cruciales en este periodo.

5. **Cierre y acuerdo**

Finalmente, se formaliza un acuerdo que cumpla con los intereses de ambos lados, asegurando su cumplimiento y estableciendo relaciones sólidas.

Figura 4.1. Fases de la negociación.

4.2.2. Tipos de negociación empresarial

La negociación empresarial adopta distintos enfoques según los objetivos y la relación entre las partes. Cada uno de estos enfoques da nombre a los distintos tipos de negociación desarrollados

Tabla 4.3. Tipos de negociación

Tipo de negociación	Características	Ventajas	Limitaciones
Acomodativa	Ceder para mantener la armonía.	Fortalece relaciones.	Puede sacrificar intereses propios.
Competitiva / Distributiva	Se busca maximizar la ganancia individual.	Útil en recursos limitados.	Puede generar conflictos.
Colaborativa	Crear valor conjunto.	Soluciones «ganar-ganar».	Requiere confianza y tiempo.
Por compromiso	Concesiones mutuas para alcanzar puntos medios.	Equilibrio entre cooperación y ceder.	No siempre maximiza beneficios.
Evasiva	Posponer o evitar conflictos.	Reduce confrontaciones.	Riesgo de problemas sin resolver.

4.2.3. Técnicas de negociación empresarial

Para poder abordar eficazmente los intereses de las partes y alcanzar acuerdos beneficiosos, es crucial dominar diversas técnicas de negociación. A continuación, se detallan algunas de las estrategias más reconocidas y aplicadas en distintos entornos empresariales.

■ **Método Harvard: negociación basada en principios**

El método Harvard, desarrollado por la Universidad de Harvard, se centra en cuatro principios fundamentales:

— Separar a las personas del problema: es esencial abordar el problema sin que las emociones personales interfieran en la negociación.

— Centrarse en los intereses, no en las posiciones: en lugar de defender posiciones rígidas, se deben explorar los intereses subyacentes de ambas partes.

— Generar opciones en beneficio mutuo: buscar soluciones que beneficien a ambas partes, promoviendo la colaboración.

— Insistir en utilizar criterios objetivos: las decisiones deben basarse en estándares justos y objetivos, no en la voluntad de una de las partes.

Este enfoque promueve una negociación colaborativa, donde ambas partes trabajan juntas para encontrar soluciones que satisfagan sus intereses mutuos.

■ **Método SPIN: técnica de cuestionamiento efectivo**

El método SPIN es una técnica de venta que se centra en realizar preguntas estratégicas para comprender mejor las necesidades del cliente. SPIN es un acrónimo de los siguientes elementos:

— Situación: preguntas que exploran la situación actual del cliente.

— Problema: identificación de los problemas que enfrenta el cliente.

— Implicación: exploración de las implicaciones de esos problemas.

— Necesidad de solución: ayudar al cliente a reconocer la necesidad de una solución.

Al aplicar esta técnica, se facilita una comprensión profunda de las necesidades del cliente, lo que permite ofrecer soluciones más efectivas y personalizadas.

■ **Método AIDA: estrategia de persuasión en ventas**

El método AIDA describe las etapas por las que pasa un cliente potencial antes de realizar una compra:

— Atención: captar la atención del cliente potencial.

— Interés: despertar el interés del cliente por el producto o servicio.

— Deseo: generar el deseo de poseer el producto o servicio.

— Acción: motivar al cliente a tomar una acción, como realizar una compra.

Este enfoque es ampliamente utilizado en marketing y ventas para guiar a los clientes a través del proceso de decisión de compra, y puede utilizarse para acercar posiciones en una negociación.

■ **Técnica ganar-ganar: creación de valor mutuo**

La técnica ganar-ganar (conocida también por su traducción en inglés *Win-Win*) se basa en la idea de que ambas partes pueden salir beneficiadas de una negociación. Se enfoca en los siguientes aspectos:

— Colaboración: trabajar juntos para encontrar soluciones que beneficien a ambas partes.

— Creatividad: buscar alternativas innovadoras que satisfagan los intereses de todos los involucrados.

— Compromiso: ambas partes deben estar dispuestas a hacer concesiones para alcanzar un acuerdo mutuamente beneficioso.

Este enfoque fortalece las relaciones a largo plazo y fomenta la confianza entre las partes.

■ **Empatía estratégica: comprensión profunda del otro**

La empatía estratégica implica comprender las emociones, perspectivas y necesidades de la otra parte. Se basa en los siguientes elementos:

— Escucha activa: prestar atención plena a lo que la otra parte está comunicando.

— Reconocimiento emocional: validar los sentimientos y preocupaciones de la otra parte.

— Adaptación de la estrategia: ajustar la propia estrategia de negociación en función de la comprensión de la otra parte.

Esta técnica mejora la comunicación y facilita la resolución de conflictos, creando un ambiente de negociación más cooperativo.

■ Estrategia cara a cara: comunicación directa y personalizada

La interacción cara a cara permite una comunicación más efectiva y la construcción de relaciones más sólidas. Esta estrategia se caracteriza por los aspectos detallados a continuación:

— Comunicación no verbal: la observación de las expresiones faciales y el lenguaje corporal proporciona información adicional.

— Construcción de confianza: la interacción directa ayuda a establecer una relación de confianza mutua.

— Resolución de malentendidos: la comunicación directa facilita la aclaración de posibles malentendidos de manera inmediata.

Esta estrategia es especialmente útil en negociaciones complejas o de alto valor, donde la confianza y la comprensión mutua son esenciales.

CASO PRÁCTICO 3.1

Una empresa tecnológica desea renovar el contrato de suministro con un proveedor, pero el proveedor solicita un aumento del 10 % en el precio.

Aplicación de técnicas:

- La empresa aplica la técnica ganar-ganar, identificando necesidades del proveedor y ofreciendo un contrato más largo a cambio de una reducción parcial del aumento.

- Se emplea empatía estratégica para entender la presión financiera del proveedor.

- Finalmente, se acuerda un aumento del 5 % con ventajas adicionales para ambas partes, garantizando la continuidad del suministro y la relación a largo plazo.

4.3. Técnicas de mediación

La mediación es un procedimiento que busca resolver conflictos mediante el diálogo, sin necesidad de recurrir a un juicio. Su esencia radica en la intervención de una tercera persona imparcial, el mediador, que ayuda a las partes a comunicarse, comprenderse y alcanzar un acuerdo justo y equilibrado.

En la mediación no existen ganadores ni perdedores. El objetivo es que ambas partes colaboren para encontrar una solución satisfactoria, evitando el desgaste emocional y económico que suele implicar un proceso judicial.

Las partes acceden a la mediación de manera voluntaria, con el propósito de prevenir la confrontación directa y sustituirla por un espacio de diálogo y cooperación.

4.3.1. Naturaleza y finalidad de la mediación

La mediación es un modelo de solución de conflictos que ayuda a dos o más personas a comprender el origen de sus diferencias, a conocer las causas y consecuencias de lo ocurrido, y a encontrar soluciones para resolver aquellas.

La mediación es uno de los **MASC** (Medios Adecuados de Solución de Controversias) que busca una solución integral a los desacuerdos entre dos o más personas.

A diferencia del juicio, **son las partes quienes diseñan su propio acuerdo,** con la orientación del mediador.

Los Medios Adecuados de Solución de Controversias (MASC) son mecanismos destinados a resolver conflictos sin necesidad de buscar la solución en un tribunal. Estos procedimientos permiten que las partes implicadas, actuando de buena fe, busquen juntas una solución que satisfaga sus intereses. Los MASC se pueden llevar a cabo directamente entre las partes o con la ayuda de un tercero neutral e imparcial que facilite el entendimiento y el diálogo.

Ejemplo: si surge un desacuerdo entre un propietario y un inquilino sobre los términos de un contrato, ambos pueden recurrir a un mediador que los ayude a encontrar un acuerdo sin necesidad de iniciar un juicio. Los MASC ofrecen una alternativa más rápida, sencilla y menos costosa para resolver disputas.

Los medios adecuados de solución de controversias tienen las siguientes ventajas:

- Son más ágiles y flexibles que los procedimientos judiciales. Los conflictos son dinámicos y requieren soluciones dinámicas que los tiempos y la forma de los procesos no pueden garantizar.

- Conllevan menor coste económico y temporal.

- Son voluntarios. Solo se inician si las partes quieren y pueden abandonarse en cualquier momento.

- Las partes mantienen en todo momento el control del proceso y del resultado (salvo en el arbitraje).

- Habitualmente tienen un coste personal menor que el derivado del litigio.

- Se basan en la colaboración en lugar de basarse en el enfrentamiento. Favorecen la cohesión social y preservan las relaciones de futuro.

- Permite una mayor satisfacción de las partes con la respuesta obtenida.

- El acuerdo alcanzado siempre ha de ser de cumplimiento posible para el obligado, de modo que las soluciones son más eficaces.

Según la legislación actual en España, la definición oficial de mediación es la siguiente:

> La **mediación** es un medio adecuado de solución de controversias en el que dos o más partes intentan voluntariamente alcanzar por sí mismas un acuerdo con la intervención de una persona mediadora, que actúa facilitando el diálogo y el acuerdo de manera imparcial y neutral, pero sin hacer propuestas de ningún tipo.

4.3.1.1. Descripción

La mediación es un modelo de solución de conflictos que, mediante la intervención de un «tercero» neutral e imparcial, ayuda a dos o más personas a comprender el origen de sus diferencias, a conocer las causas y consecuencias de lo ocurrido, a confrontar sus visiones y a encontrar soluciones para resolver aquellas.

La mediación constituye un cauce complementario de resolución de conflictos. Es una fórmula válida y aceptada en el Estado de derecho que se ajusta a una nueva concepción de la justicia, al tiempo que constituye una pieza relevante de la modernización de la Administración de Justicia.

4.3.1.2. Ámbitos de actuación

Son muy diversos los ámbitos en los que la mediación proyecta satisfactoriamente su potencial en la gestión pacífica de conflictos, como herramienta complementaria a las soluciones tradicionales:

La mediación civil, utilizada principalmente en la esfera familiar, también puede aplicarse con éxito en desacuerdos sobre contratos, en relaciones de carácter mercantil, en el ámbito del consumo y en el de la propiedad horizontal.

En la mediación penal, víctima e infractor, a través de un proceso de diálogo y comunicación confidencial, conducido y dirigido por un mediador imparcial, se reconocen capacidad para participar en la resolución del conflicto derivado del delito.

> **La mediación está expresamente prohibida en el ámbito de la violencia de género.**

Desarrollamos los distintos ámbitos y tipos de mediación en la Tabla 4.4.

Tabla 4.4. Ámbitos y tipos de mediación

Tipo de mediación	Casos habituales
Civil y mercantil	Contratos, arrendamientos, impagos, relaciones entre socios o clientes y proveedores.
Familiar	Divorcios, custodia de hijos, herencias o conflictos intergeneracionales.
Laboral y organizacional	Discrepancias entre empleados, equipos o directivos.
Educativa	Conflictos entre estudiantes, docentes o familias.
Comunitaria e intercultural	Disputas vecinales o de convivencia en entornos multiculturales.
Sanitaria	Problemas entre pacientes, profesionales o instituciones.

4.3.1.3. Principios de la mediación

La **voluntariedad** es el principio esencial de la mediación. Significa que las partes deciden participar libremente y pueden retirarse en cualquier momento si lo consideran necesario.

En algunos países europeos, la mediación se plantea como un **requisito previo antes de acudir al tribunal** (obligatoriedad mitigada), mientras que, en otros, mantiene su carácter **plenamente voluntario**. En España, con la entrada en vigor la Ley Orgánica 1/2025 (que desarrollaremos en el Apartado 4.3.4) la mediación se contempla en la mayoría de los casos como un requisito previo obligatorio y anterior a la vía judicial.

Desarrollamos el resto de los principios de la mediación en la Tabla 4.5.

Tabla 4.5. Los principios de la mediación

Principio	Descripción
Voluntariedad	Las partes son libres de participar o abandonar el proceso en cualquier momento.
Carácter personal	Cada persona debe asistir en nombre propio; no puede delegar en representantes.
Imparcialidad y neutralidad	El mediador no defiende intereses ni propone soluciones.
Confidencialidad	Lo que se trata en mediación no puede usarse en un juicio posterior.
Flexibilidad	El proceso se adapta a las características de las partes y del conflicto.

4.3.2. La figura del mediador

El mediador es un profesional neutral y cualificado que posee un título universitario y formación específica en mediación. En España, debe estar inscrito en el Registro del Ministerio de Justicia.

Su misión consiste en facilitar la comunicación y el entendimiento mutuo. No impone soluciones ni dicta sentencias. Actúa como guía del proceso, garantizando que las partes mantengan el control del acuerdo.

Funciones principales del mediador

Escuchar activamente y fomentar la empatía.

- Reformular los mensajes para evitar malentendidos.

- Crear un clima de respeto y calma.

© Ediciones Paraninfo

■ Asegurar la participación equitativa de ambas partes.

■ Recordar los límites legales y éticos del proceso.

Por tanto, quedan fuera de las capacidades del mediador las siguientes acciones que no puede llevar a cabo:

■ Dar asesoramiento jurídico.

■ Tomar decisiones sobre el conflicto.

■ Evaluar quién tiene razón.

■ Actuar como abogado o juez.

Ejemplo: en un conflicto entre dos socios, el mediador pregunta: «¿Qué objetivos comunes mantienen a pesar del desacuerdo?». Esta pregunta reconduce la conversación hacia soluciones y no hacia reproches.

Las instituciones de mediación y el registro de mediadores

El Registro de Mediadores e Instituciones de Mediación tiene carácter público e informativo y se constituye como una base de datos informatizada **accesible gratuitamente** a través del sitio web del Ministerio de Justicia, siendo su finalidad la de facilitar el acceso de los ciudadanos a este medio de solución de controversias a través de la publicidad de los mediadores profesionales y las instituciones de mediación.

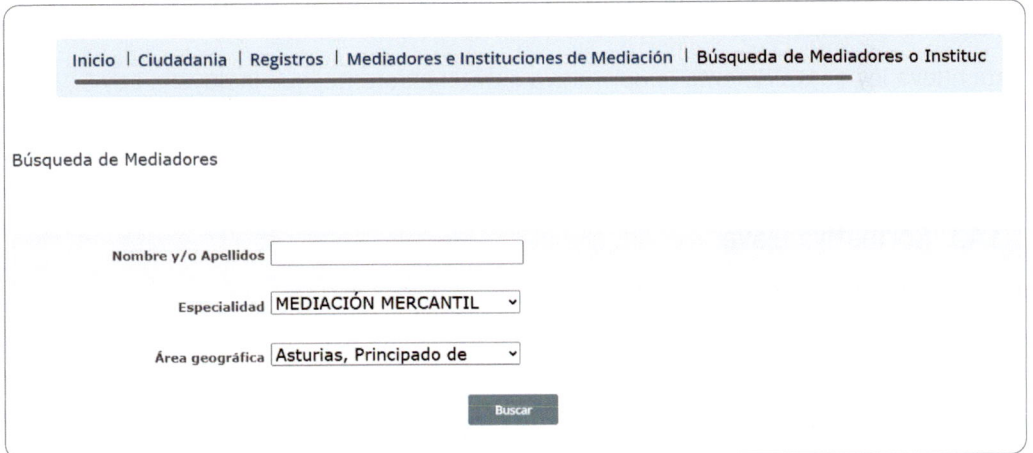

Figura 4.2. Acceso a la página de búsqueda de mediadores ofrecida por el Ministerio de Justicia.

4.3.3. El proceso de mediación

El proceso suele dividirse en cinco etapas, aunque puede adaptarse según la naturaleza del conflicto. En la Tabla 4.6 desarrollamos cada etapa.

Tabla 4.6. Etapas del proceso de mediación

Etapa	Descripción	Objetivo
1. Sesión inicial	Presentación del proceso, normas y firma del consentimiento informado.	Garantizar la comprensión y la confianza.
2. Exposición del conflicto	Cada parte explica su visión del problema.	Escuchar y validar emociones y necesidades.
3. Identificación de intereses	Se analizan los verdaderos motivos detrás del conflicto.	Comprender los intereses comunes.
4. Búsqueda de soluciones	Las partes generan y evalúan opciones posibles.	Llegar a acuerdos realistas y compartidos.
5. Acuerdo final	Redacción y firma del acuerdo alcanzado.	Establecer compromisos claros y duraderos.

El **consentimiento informado** es esencial: las partes deben entender el proceso, sus implicaciones y los límites del mediador antes de iniciar la mediación.

4.3.4. Normativa sobre mediación

La normativa sobre mediación en España está en proceso de reforma, con la Ley Orgánica 1/2025, que establece la mediación y otros métodos de resolución de conflictos como requisito previo obligatorio en los asuntos civiles y mercantiles antes de iniciar una demanda.

Esta nueva ley complementa la normativa estatal existente, que incluye la Ley 5/2012, de mediación en asuntos civiles y mercantiles, y la Ley 4/2015, del Estatuto de la víctima del delito, que regula la mediación penal.

4.3.4.1 Normativa clave

- **Ley 5/2012, de 6 de julio, de mediación en asuntos civiles y mercantiles:**

  Esta ley estableció las bases de la mediación nacional en el ámbito civil y mercantil, definiendo principios como la imparcialidad, neutralidad y confidencialidad.

- **Ley Orgánica 1/2025, de 2 de enero, de medidas en materia de eficiencia del Servicio Público de Justicia:**

  Esta ley representa un cambio profundo al hacer obligatoria la mediación (y otros MASC) antes de interponer una demanda en materia civil y mercantil, buscando así agilizar los procedimientos judiciales.

- **Ley 4/2015, de 27 de abril, del Estatuto de la víctima del delito:**

  Esta ley regula aspectos de la mediación en el ámbito penal, bajo ciertas condiciones y con el consentimiento de las partes.

■ **Otras normativas:**

Algunas comunidades autónomas tienen sus propias regulaciones que complementan la legislación estatal en áreas como la mediación familiar o laboral.

4.3.4.2. Aspectos destacados de la Ley Orgánica 1/2025

El 2 de enero de 2025 se publicó la **Ley Orgánica 1/2025,** que entró en vigor el 3 de abril del mismo año. Esta norma tiene como finalidad incorporar al ordenamiento jurídico nuevas vías de acceso a la justicia, reconociendo como válidos, además de la jurisdicción, otros métodos adecuados de solución de controversias en el ámbito no jurisdiccional (MASC).

La ley persigue la consolidación de un servicio público de justicia sostenible y el fomento de la negociación entre las partes. Con este propósito, permite que los conflictos se resuelvan de manera directa entre los implicados o con la intervención de un **tercero neutral** que facilite el acercamiento y la consecución de acuerdos.

Los MASC, según lo establecido en la ley, engloban actividades negociadoras como **la mediación,** la conciliación privada, la oferta vinculante confidencial, la opinión de persona experta independiente, el derecho colaborativo y la justicia restaurativa, en las cuales las partes intentan alcanzar acuerdos de buena fe, ya sea de manera directa o con la intervención de un tercero neutral.

Ámbito de aplicación:

Los MASC serán de aplicación en asuntos civiles y mercantiles, incluidos los conflictos transfronterizos, excluyendo los ámbitos penal, laboral y concursal, así como los litigios donde participe el sector público.

Obligatoriedad previa al litigio:

La ley establece como requisito de procedibilidad, con determinadas excepciones, acudir a un MASC antes de presentar una demanda judicial en la mayoría de los procedimientos civiles.

Confidencialidad y formalización:

Los procesos serán confidenciales y los acuerdos alcanzados podrán formalizarse mediante escritura pública o ser homologados judicialmente para dotarlos de fuerza ejecutiva.

Uso de medios telemáticos:

Se facilita la utilización de herramientas digitales para el desarrollo de los procesos negociadores, especialmente en reclamaciones de menor cuantía.

4.3.5. Habilidades de comunicación y herramientas en la mediación

La principal razón por la que las personas recurren a la mediación es la dificultad para mantener una comunicación efectiva en situaciones de conflicto. La comunicación actúa como una herramienta esencial para alcanzar el entendimiento. Es la base de las habilidades sociales, permitiendo que podamos expresarnos de manera clara, comprender a los demás y lograr interacciones saludables.

En la mediación, una comunicación eficaz resulta crucial tanto para las partes involucradas como para el mediador. El objetivo del mediador consiste en ayudar a las partes a entenderse y a negociar un acuerdo conjunto. En muchos casos, los conflictos surgen de malentendidos o de lo que se conoce como «distorsión del mensaje», por lo que transmitir de forma clara y precisa se vuelve vital.

La capacidad de comunicación es innata en todas las personas, pero requiere de esfuerzo y conciencia para utilizarla de manera funcional. El mediador debe dominar esta habilidad, ya que desempeña un papel central en el proceso. Para ello, debe cumplir los siguientes requisitos:

- Ser un comunicador eficaz.

- Practicar la escucha activa y la empatía.

- Elegir las palabras adecuadas según la situación.

- Transmitir calma y seguridad a las partes involucradas.

TÉCNICAS Y HERRAMIENTAS PARA LA MEDIACIÓN

- **Escucha activa y empatía**
  - **Escucha activa:** consiste en prestar atención completa al mensaje del interlocutor, sin interrupciones y mostrando interés genuino. Incluye observar tanto las palabras como el lenguaje no verbal, evitando cualquier tipo de distracción.

  - **Empatía:** implica ponerse en el lugar de la otra persona para comprender sus emociones y sentimientos. Demostrar empatía permite que las partes se sientan comprendidas, valoradas y más abiertas al diálogo.

Estas técnicas fomentan un ambiente de respeto y confianza, facilitando la expresión de opiniones y emociones de manera constructiva.

Ejemplo: en un conflicto laboral, un empleado se queja de la carga de trabajo. El mediador repite sus palabras con sus propias expresiones («Entiendo que sientes que las tareas asignadas son excesivas y te generan estrés») y pregunta cómo le gustaría que se redistribuyeran las responsabilidades. Esto ayuda a clarificar las necesidades y encontrar soluciones conjuntas.

■ **Reformulación**

La reformulación consiste en expresar con palabras propias lo que la otra persona ha comunicado. Esto asegura que se ha comprendido correctamente el mensaje y evita malentendidos.

Ejemplo:

— Parte A: «No confío en que mi compañero cumpla con los plazos».

— Mediador (reformulación): «Percibes que existe un riesgo de retrasos por la forma de trabajar de tu compañero».

Beneficio: permite clarificar información y enfocar la atención en los problemas reales, no en interpretaciones erróneas.

■ **Preguntas abiertas**

Las preguntas abiertas invitan a responder con explicaciones completas en lugar de respuestas cortas como «sí» o «no». Facilitan la reflexión y el diálogo, ayudando a comprender mejor las necesidades y perspectivas de cada parte.

Ejemplos de preguntas abiertas:

— «¿Qué factores consideras más importantes para resolver esta situación?».

— «¿Cómo crees que podríamos mejorar la colaboración entre ambos?».

Beneficio: estimula la participación activa y genera soluciones más creativas y consensuadas.

■ **Parafraseo**

El parafraseo consiste en cambiar la forma en que se plantea un problema o conflicto, ofreciendo nuevas perspectivas y alternativas. Esta técnica amplía la visión de la situación y permite explorar soluciones distintas.

Ejemplo:

— Conflicto: «Siempre llegas tarde a las reuniones y me retrasas».

— Parafraseo: «Parece que los retrasos en las reuniones afectan tu planificación y los resultados del equipo».

Beneficio: ayuda a las partes a ver la situación de manera objetiva y centrarse en soluciones, en lugar de culpas.

Tabla 4.7. Resumen de técnicas y beneficios

Técnica	Descripción	Beneficio
Escucha activa	Prestar atención plena a palabras y lenguaje no verbal.	Claridad y comprensión del mensaje.

Técnica	Descripción	Beneficio
Empatía	Ponerse en el lugar del otro y comprender emociones.	Mayor confianza y apertura al diálogo.
Reformulación	Expresar con palabras propias el mensaje del otro.	Evita malentendidos y clarifica información.
Preguntas abiertas	Formular preguntas que inviten a respuestas detalladas.	Facilita reflexión y soluciones creativas.
Parafraseo	Cambiar la forma de expresar el conflicto.	Amplía la visión y promueve acuerdos objetivos.

ACTIVIDADES FINALES

4.1. ¿Qué representa el conflicto dentro del ámbito laboral?

   a. Un obstáculo que debe evitarse a toda costa.

   b. Una oportunidad para mejorar la comunicación y fortalecer vínculos.

   c. Una causa inevitable de desmotivación y bajo rendimiento.

4.2. ¿Qué caracteriza la técnica de mediación?

   a. La intervención de un mediador que impone una solución.

   b. La búsqueda de un acuerdo judicial vinculante.

   c. La intervención de una persona imparcial que facilita el diálogo.

4.3. ¿Cuál es una consecuencia positiva de un conflicto bien gestionado?

   a. El aumento del absentismo.

   b. El fortalecimiento de la cooperación y la innovación.

   c. La pérdida de confianza entre los miembros del equipo.

4.4. ¿Qué tipo de conflicto se produce cuando existen diferencias en los estilos de dirección?

   a. Conflicto de liderazgo.

   b. Conflicto de tareas.

   c. Choque de personalidad.

4.5. ¿Qué estrategia permite encontrar puntos en común y reducir la confrontación?

   a. La empatía.

   b. La competitividad.

   c. La evasión.

4.6. ¿Cuál es el objetivo principal de las dinámicas de *Team Building*?

   a. Fomentar la competencia entre miembros del equipo.

   b. Mejorar la cohesión y el trabajo conjunto.

   c. Evaluar el desempeño individual.

ACTIVIDADES FINALES

4.7. **¿Qué fase de la negociación implica presentar ofertas concretas y observar reacciones?**

a. Cierre y acuerdo.

b. Propuestas y señales.

c. Preparación.

4.8. **¿Qué ventaja ofrece la mediación frente a un proceso judicial?**

a. Permite imponer sanciones legales inmediatas.

b. Reduce costes y preserva relaciones futuras.

c. Elimina la necesidad de un mediador neutral.

4.9. **Según la Ley Orgánica 1/2025, ¿qué condición se establece para presentar una demanda civil o mercantil?**

a. Haber acudido previamente a un MASC.

b. Contar con representación judicial obligatoria.

c. Presentar una reclamación administrativa previa.

4.10. **¿Qué técnica de comunicación consiste en expresar con palabras propias lo que la otra persona ha dicho?**

a. Reformulación.

b. Parafraseo.

c. Escucha activa.

DE APLICACIÓN

4.11. ¿Qué objetivo principal persigue la resolución de conflictos en el entorno laboral?

4.12. Completa la frase siguiente:

La negociación colaborativa se basa en la búsqueda de _____ que beneficien a todas las partes.

4.13. Asocia cada método de negociación con su característica principal.

Métodos	Características
1. Método Harvard	a. Se centra en los intereses y no en las posiciones.
2. Método SPIN	b. Busca captar atención, generar interés, deseo y acción.
3. Método AIDA	c. Se basa en la identificación de problemas y necesidades.

© Ediciones Paraninfo

ACTIVIDADES FINALES

4.14. Vincula cada tipo de negociación con su objetivo principal.

Tipo de negociación	Objetivo
1. Competitiva	a. Alcanzar beneficios mutuos.
2. Colaborativa	b. Evitar el conflicto o posponerlo.
3. Evitativa	c. Obtener la mayor ganancia posible.

4.15. Explica con tus propias palabras por qué la mediación suele ser más rápida y económica que un proceso judicial.

4.16. Completa la siguiente frase:

En la fase de preparación de la negociación, las partes deben definir con claridad sus _____(1)_____.

4.17. Vincula cada principio de mediación con su definición correcta.

Principio	Definición
1. Voluntariedad	a. Las partes pueden abandonar el proceso en cualquier momento.
2. Imparcialidad	b. El mediador no impone acuerdos ni toma partido.
3. Confidencialidad	c. El contenido del proceso no puede revelarse sin consentimiento.

4.18. Imagina que dos socios empresariales discuten por la distribución de beneficios. ¿Qué técnica de negociación sería más adecuada y por qué?

4.19. Completa la siguiente frase:

El **método Harvard** propone separar a las personas del _____(1)_____ y centrarse en los _____(2)_____.

4.20. Menciona dos ventajas y dos limitaciones de la mediación frente a un juicio tradicional.